传统村落保护与发展路径研究

李伟巍◎著

中南大学出版社
www.csupress.com.cn
·长沙·

图书在版编目(CIP)数据

传统村落保护与发展路径研究 / 李伟巍著. —长沙：中南大学出版社，2023.10

ISBN 978-7-5487-5602-6

Ⅰ. ①传… Ⅱ. ①李… Ⅲ. ①村落—保护—研究—中国 Ⅳ. ①K928.5

中国国家版本馆 CIP 数据核字(2023)第 205985 号

传统村落保护与发展路径研究

CHUANTONG CUNLUO BAOHU YU FAZHAN LUJING YANJIU

李伟巍　著

□**责任编辑**　陈应征

□**责任印制**　唐　曦

□**出版发行**　中南大学出版社

社址：长沙市麓山南路　　邮编：410083

发行科电话：0731-88876770　　传真：0731-88710482

□**印　　装**　石家庄汇展印刷有限公司

□**开　　本**　710 mm×1000 mm　1/16　□**印张** 14.75　□**字数** 202 千字

□**版　　次**　2023 年 10 月第 1 版　□**印次** 2024 年 1 月第 1 次印刷

□**书　　号**　ISBN 978-7-5487-5602-6

□**定　　价**　88.00 元

前　言

传统村落作为一种特殊的人居空间，承载着重要的历史文化价值，反映着人与自然和谐共处的生态关系，是人类在长期的生产生活实践中积累的智慧成果。可以说，传统村落的形成与发展就是人类社会生存与发展的一个缩影。

目前，传统村落的特殊价值已经得到越来越多的人的肯定，人们开始通过各种方式保护传统村落，延续历史文脉，留住乡愁记忆。这一过程是艰辛且漫长的，政府必须正确处理传统村落保护与发展之间的关系，以及传统村落保护与开发之间的矛盾，同时保护传统村落中的物质文化遗产与非物质文化遗产，在保留传统村落“原真性”的基础上，合理挖掘传统村落的价值与文化内涵，探求促进传统村落可持续发展的有效路径。

本书共分为八章，主要围绕传统村落的保护与发展展开论述。第一章主要对传统村落进行了概述，内容包括传统村落的类型与特征、构成要素、布局以及传统村落形成的影响因素。第二章主要对传统村落的价值及其保护意义进行了论述。第三章主要对传统村落的保护理论与原则进行了具体分析。第四章阐述了传统村落保护与发展的基础，内容包括消除保护与发展的矛盾、协调“传统”与“现代”的关系、积极应对保护机遇。第五章对传统村落的保护与发展内容进行了探究，内容主要包括传统建筑和空间形态、非物质文化遗产、基础设施和公共环境的保护与发展。第六章分别从美丽乡村建设、城乡融合发展、传统村落与旅游业协同发展、集中连片保护发展、数字化保护与发展五个维度探索传统村落的保护与发展路径。第七章结合各地区的传统村落保护与发展案例，深入探究了有效促进传统村落保护与发展的措施。第八章主要论述传统村落保护与发展的保障机制，包括政策机制、参与机制、规划机制及监管机制四个方面，并对全书内容进行了总结。

目　　录

第一章　绪论

第一节　传统村落的类型与特征

一、传统村落的概念

村落是人类居住场所的一种统称。从字面意义看，村落包含村制与聚落两方面含义，前者是指其社会性质为乡村，后者是指其所处的地理空间具有聚居性质。村落实际上是聚落的一种特殊形态，它是随着聚居人口增多而逐渐形成的农村聚落的简称，是基于人类聚居的、在城市之外形成的一种人类生活共同体。村落是由长期生活、聚居、繁衍在一个固定区域的农业人口组成的一种空间单元，它并不是脱离社会单独存在的独立个体，而是构成社会的基本单位之一。

传统村落原名“古村落”，通常是指那些存在时间较为悠久，具有丰富的历史资源、文化资源及较高的科学价值、艺术价值、经济价值的村落。与一般村落相比，传统村落不仅仅是为满足人们生产、生活的需要而组建形成的固定场所，还承载着独特的文化价值和传承意义。不同学者对传统村落有着不同理解。刘沛林认为，古村落主要是指宋元明清时期遗留下来的，村落地域基本没有发生变化，并且环境、历史文脉、传统氛围等保存较好的村落。[①]冯淑华认为，早期人们对传统村落的理解来源于聚落，是指农业社会中人们居住、生活、休息和进行各种社会活动的场所，也是人们劳动生产的场所。[②]胡燕等认为，传统村落即始建年代久远，经历了较长历史沿革，至今仍然以农业人口居住和从事农业生产为主，而且保留着传统起居形态和文化形态的村落。[③]

虽然不同学者对传统村落的概念存在一定的争议，但他们无一不认可传统村落承载着不同地域的乡村的历史记忆和独特的文化价值。随着城镇化进程的加快和人们文化保护意识的普遍提高，目前学术界对传统村落的研究已经延伸至环境、美学、社会学、经济学、建筑形态、遗产保护等多个领域，并从专业的角度深入挖掘传统村落的文化内涵，这不仅能够为城乡建设提供思路，还对促进我国乡村经济发展以及继承和发扬中华优秀传统文化有重要意义。

二、传统村落的类型

传统村落根据不同的划分标准可以分为多种类型。

根据地理环境特征，传统村落可分为平原型村落、山地型村落、丘陵型村落、台塬型村落和高原型村落等。

根据村落的职能，传统村落可分为农耕型村落、商贸型村落和防御型村落。农耕型村落是指主要依靠传统农业耕作发展起来的村落。这种村落一般拥有较大的耕地面积，居民遵循传统的耕作模式与生活方式，如广东省佛山市顺德区勒流镇龙眼村、广东省佛山市南海区西樵镇松塘村等。商贸型村落是依托当地某种特殊产品的生产、交易或某一交通优

① 刘沛林．古村落：和谐的人聚空间 [M]. 上海：上海三联书店，1997：124-125.

② 冯淑华．传统村落文化生态空间演化论 [M]. 北京：科学出版社，2010：1.

③ 胡燕，陈晟，曹玮，等．传统村落的概念和文化内涵 [J]. 城市发展研究，2014，21（1）:10-13.

势而发展起来的村落。这种村落往往交通便利，是商贸、运输等行业的集聚之地，如广东省佛山市顺德区杏坛镇高赞村、江西省南昌市安义县罗田村。防御型村落是相对于普通村落而言的，是指具有鲜明防御特征的村落。

根据村落的集散情况，传统村落可以分为集聚型村落和散漫型村落。受地形的影响，人们往往会以自己在生产活动实践中对土地的合理利用为准则来设计自己的聚落方式，这也是平原、盆地地带多为集聚型村落，山地、丘陵地带多为散漫型村落的重要原因之一。集聚型村落又称集村，是由许多乡村住宅集聚在一起而形成的村落，其规模差异较大，从几十人的小村到数千人的大村都可能为集聚型村落。从村落形态看，集聚型村落还可分为团状村落、带状村落和环状村落，其中团状村落多近似圆形或不规则的多边形，这种村落一般位于平原或盆地的耕作区中心或靠近中心的地点，村民房屋较为集中；带状村落的形态近似一根飘带，河岸、山麓、丘陵、山地和河网地区多有这种村落；环状村落是由许多民居环山绕水形成的一种环状村落，这种村落较为少见。散漫型村落又称散村，其典型特征为民居呈零星分布，较为松散。在我国，不同地区因地形及其他条件的差异而形成了形态各异的散漫型村落。表 1-1 为集聚型村落与散漫型村落的布局特点和主要区别。

表 1-1　集聚型村落与散漫型村落的布局特点和主要区别

类　型	布局特点	主要区别
集聚型村落	村落多位于平原地区或盆地地区，通常以主街为中心，道路多为双排或多排以分隔民居，为内聚型的村落形态	居住人口较多，空间规模形成一定体系，各民居之间及其所依赖的田地、山林、湖泊之间呈现集聚、相互靠近的趋向
散漫型村落	民居零星分布，并多靠近田地、山林或河流、湖泊。各院落之间的距离因地而异，并无明显的隶属关系或阶层差别	居住人口相对较少，空间规模不成体系，各民居之间及其所依赖的田地、山林、湖泊之间呈现离散的趋向

根据村落的形成原因，传统村落可分为原始定居型村落、地区开发型村落、民族迁徙型村落、避世隐居型村落和历史嵌入型村落五种，如图 1-1 所示。

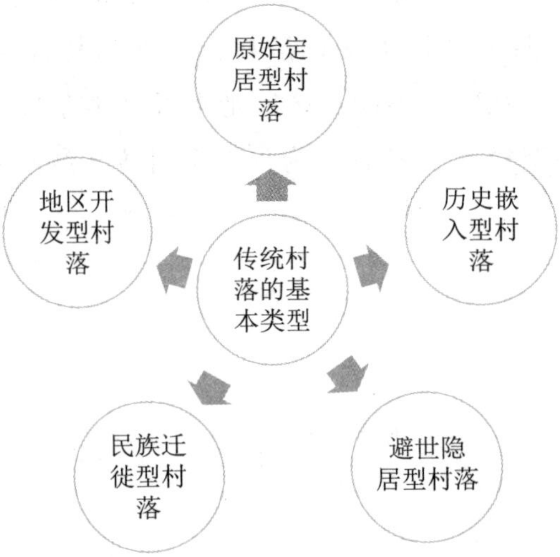

图 1-1　传统村落的基本类型

原始定居型村落是指因原始农业和定居生活的需要而形成的一种早期村落。农业生产的发展，以及人们开始追求更为稳固的生活方式等，都是促使大规模聚落形成的重要因素。随着原始社会农业种植品种的增多，人们开始在江河湖沼周围定居下来，以血缘为基础、以氏族为单位聚族而居住组成一个“聚”，再由若干近亲氏族组成一个部落。部落是当时最大的社会集团组织形式，也是最大的生产与生活组织形式，其聚居的场所后来又逐渐发展演变为“邑”，它是传统村落的原型。

由于地理环境、生产技术等因素的影响，原始农业只能依存在江河湖沼附近的平原地带。然而，随着生产力水平的提高，原始农业的范围不断扩大，因地区开发而形成的村落便逐渐增多。这些村落便属于地区开发型村落。目前可追溯到的出现最早的地区开发型村落多为明清后形成的，如赣南、粤东地区的客家村落等。

民族迁徙型村落是指历史上受灾害、战争等众多因素的影响，民族或人口大规模迁徙而发展形成的一种村落类型。在魏晋南北朝时期、唐代末期及北宋末年曾形成三次大规模民族迁徙，这在一定程度上改变了我国原有的民族人口分布格局。

避世隐居型村落是指因躲避战乱、纠纷或追求隐居生活而形成的一种村落类型。这种村落与其他村落之间的明显区别在于，村落往往位于偏僻、险要之处，大多与外界隔绝。

历史嵌入型村落是指不同时期外来移民陆续迁入或嵌入已有聚居人口的地区而形成的一种村落类型。其主要特点如下：一是民族或人口在迁入之前，原地区已有村民居住；二是这种迁入并不是在同一历史时期内完成的，而是在不同时期陆续迁入的。海南省三亚市崖州区崖城镇保平村便是这种类型的村落。

此外，根据传统村落与外界环境的关系，传统村落可分为开放渗透型村落、半开放型村落和完全封闭型村落。开放渗透型村落的边界外侧为完全的自然空间。这种传统村落被自然环境包围而隐匿于山林之中，一般由一条道路与外界相连。也正因如此，这种传统村落一般位置较为偏远，受城市化的冲击较小，保留着传统形态与文化特征。半开放型村落的边界外侧为半自然空间，即传统村落与其相邻空间之间为水塘、河道、农田或种植林区等经过人工改造的自然环境空间。在这种情况下，传统村落边界空间的众多元素不仅具有生态景观功能，还具有空间导向、防火防灾等与人类生活相关的功能，并作为一种媒介使村落与外界不断发生双向互动。整个边界区域犹如一层过渡空间，将传统村落与外界联系起来，使村落虽然没有明确的界限，但有内外的区别。完全封闭型村落具有明显的防御特征，其边界全部是由人工建造的城墙、碉楼等建筑或构筑物组成，且存在明显的村落边界及入口位置。由于受地理位置、农业生产等因素的影响，现实社会中很少存在完全封闭型村落，基本以半开放型村落为主，而半开放型村落是最容易受到破坏的村落。

三、传统村落的特征

（一）具有悠久的历史

一般来说，传统村落的形成年代较为久远，其具有丰富的历史文化内涵。比如，广西壮族自治区南宁市江西镇扬美村始建于明代；浙江省建德市大慈岩镇新叶村有 800 年历史传承的新叶古民居，被誉为“中国最大的明清古民居建筑露天博物馆”；安徽省黄山市黟县宏村镇宏村始建于南宋绍兴年间，目前保留着明清时期徽式民居建筑 140 余幢，被誉为“古民居建筑博物馆”。这些村落不但历史较为悠久，并未随着历史的发展而衰退或消亡，而且目前村内仍有居住的村民。因此，传统村落并不是某个历史朝代的建筑群，而是动态发展的人文景观。

（二）具有鲜明的地域特色

传统村落通常会与当地自然环境、地域风貌融为一体，具有鲜明的地域特色。比如，从地理环境看，浙江省温州市永嘉县岩头村属中亚热带季风气候，四季分明，因此其传统民居邻水而建，有着科学的水利设施和巧妙的村庄布局；福建省漳州市南靖县塔下村地处中亚热带向南亚热带过渡地段，属于亚热带海洋性季风气候，村落左右群山环抱，溪流呈“S”形从村中穿过，街巷建筑位于溪流两侧，清幽意远。这些村落很少受到现代潮流文化的影响，同时保留着独特的地域色彩和民族风貌。

（三）传统建筑保存完好，美学特征显著

传统村落中的民居建筑基本保留着传统格局，街巷体系较为完整，并与居民的生产生活方式有一定联系。比如，江西省南昌市安义县罗田村位于西山梅岭脚下，其选址布局充分体现了中国古人的自然生态观念，即“天人合一”的思想。该村落以宗祠为核心，各房系以“里甲”（明代社会划分的社会基层单位）为单元平行发展，以前街、横街、后街为轴线成片分布，建筑布局与社会体系的对应关系十分鲜明。罗田村的建筑墙体为马头式风火墙，设计错落有致，不仅具有防风、防火的功能，还具有动态的美感。

传统村落的选址、布局以及民居的布局和形制基本遵循古代传统美学思想——择吉而居、因地制宜、就地取材、效法自然。另外，现存的传统建筑在造型、材料、装饰等方面具有典型的地域特色或民族特色，建造工艺独特，装饰较为精美，具有较高的工艺美学价值。

第二节　传统村落的构成要素

地理环境和人文生活是影响传统村落形成与发展的两个重要因素，也是构成传统村落的主要元素，两者相互影响、相互促进、相互制约，共同推动着传统村落的发展。一方面，传统村落所处的地理环境能够满足当地居民的基本生产与生活需求，人们会根据现有的生存条件，在尊

重自然的基础上打造满足生活需求、心理需求的建筑群，这主要体现了地理环境对传统村落人文生活的影响。另一方面，传统村落的人文生活会反作用于地理环境。长时间以来，传统村落中的居民通常遵循传统文化中的生态思想，适应自然并合理利用自然，与地理环境共同形成了相对平衡的生态系统。但是，如果居民肆意开发自然资源，破坏地理环境，则会破坏人与自然和谐共生的良好关系，也必将无法使传统村落长久发展。

一、地理环境要素

（一）地形地貌

地形地貌对传统村落的选址和空间布局有重要影响，它决定着传统村落的发展进程与景观特征。我国国土面积辽阔，地形地貌复杂多样，随着历史的发展形成了各具特色的传统村落。比如，广东省广州市番禺区石楼镇大岭村地处丘陵地带，依山傍水而建，与自然山水融为一体，形成半封闭空间，既有利于农业生产生活，又形成了良好的生态循环系统。又如，陕西省内的传统村落也因地形地貌的不同呈现出了较大的风格差异。肥沃的渭河平原提供了适宜人们生产与生活的自然环境，当地的传统村落往往为中规中矩的四合院造型；陕北高原黄土深厚，当地民众利用黄土的直立性特点建造出了冬暖夏凉的窑洞。总之，地形地貌是传统村落的选址和空间布局的重要影响因素，人们往往会根据自然环境条件确定村落的总体布局，构建村落的道路体系。需要注意的是，村内道路与地形的变化、溪流的走势是紧密相关的。

（二）气候

气候不仅影响着传统村落的自然景观，还决定着传统村落的农业生产方式，影响着传统村落的经济发展。比如，海南省属于热带海洋性气候，为了应对当地频发的台风、暴雨，缓坡丘陵地带的传统村落多沿地形走势前低后高，顺坡布局，且村落前方较低段常常自然形成或人工开凿水塘，海口市琼山区石门村、澄迈县北让村均是如此。又如，宁夏回族自治区中卫市地处黄河前套之首，具有典型的大陆性季风气候和沙漠气候的特点，既得到黄河灌溉，又受外围沙漠气候的影响，市内传统村落的形成受地理环境因素影响明显，村落遗迹呈群落分布。

二、人文生活要素

传统村落的人文生活要素主要包括传统建筑、基础设施、村落文化及土地资源等。

（一）传统建筑

传统村落中的建筑与一般意义上的古建筑并不相同。古建筑是从历史意义层面对民用建筑和公共建筑进行的定义。也就是说，古建筑通常是指具有一定历史意义的民用建筑和公共建筑。古建筑承载着中华民族悠久的历史、灿烂的文化和当时的科学技术与建筑技术，具有较高的研究价值和艺术价值。而传统建筑除了具有一定的历史意义和文化价值之外，还具有即时的居住或使用功能。如果说古建筑是过去式的，传统建筑就是现在式的。传统建筑目前几乎都有村民居住与生活，它所承载的历史不是停滞和平面的，而是活态和立体的。因此，在对传统村落进行保护与发展时，相关部门需要采取必要的措施与手段对传统村落进行活态化保护。当然，采取这种保护手段也要考虑到传统村落的现实状况，不能脱离传统村落的现实基础。

（二）基础设施

传统村落中的基础设施与村民的生产和生活有着密切联系，它是保障传统村落生存与发展的支撑体系，犹如人身体的骨骼架构。传统村落的基础设施主要包括街巷、水体系统、防灾系统等。这些基础设施与一般农村的基础设施不完全相同，其不仅具有物质性载体的功能，容易受地理环境、气候等因素的影响，更重要的是具有丰富的历史文化价值和浓郁的地域特色。

1.街巷

街巷是传统村落形态的骨架和支撑，具有如下功能：①街巷联系着村落内部各要素，使其成为一个有机整体，并有效组织村落的交通，满足村民基本的交通需求。②作为村落的主要外部空间形式，街巷承载着村民的经济活动和社会文化活动。比如，受传统村落的空间限制，村民往往会依据现实条件，合理化地利用街巷进行谷物翻晒、休闲娱乐等活动。③承载着当地的文化内涵。传统村落中的街巷往往承载着传统意象的主导元素，它是人们在村落范围内进行意象组织的重要物质载体，包含典型的隐性环境要素和特殊的历史文化要素。④组织串联村落空间秩序。街巷具有连接村落内重要的公共建筑物、公共场所、自然景观等空间形态的功能，以形成统一、完整的构图轴线，这是传统村落中常见的空间组织方式。人们通常会以一条或若干条街巷为基础，将村落内的主要建筑、山林绿地等要素联系起来，把原来孤立的空间形态组织到一个统一的网络之中。这种空间秩序组织方式与城镇轴线对称的空间秩序组织方式相比，更具自发性和灵活性，因此传统村落的空间秩序组织通常具有自然、随性、自由、非对称性的特色。根据街巷的这些功能，传统村落中的街巷一般可分为以下几种类型。

（1）商业功能型街巷。以社会经济功能为主的街巷称为商业功能型街巷。这种街巷的形成一方面是受地形地貌的影响，另一方面是受传统村落历史文脉的影响。多数传统村落中的商业功能型街巷位于村落的中心，地势相对平坦，街道主要沿水平方向展开。相对于平坦的地形，有坡度的山地和有落差的河流更容易增强商业功能型街巷的地域特征，使其具有更强的识别性。

（2）防御功能型街巷。许多传统村落中的街巷不仅是村民进行生产生活的重要物质空间，还具有一定的防御功能。这种防御功能有时甚至远远大于其交通功能，这大概与村落形成的时代有关。为确保村落的安全，古人在最初建造村落时多采用“丁”字形或“丁”字形和“十”字形相结合的方式修建街巷。“丁”字形的街巷往往先狭窄后开阔，道路曲折且呈“丁”字形交叉，形成了通而不透、达而不顺的效果，有利于防守。“丁”字形和“十”字形相结合的街巷相互连通，具有墙高巷深、狭窄幽邃的空间效果。

（3）文化功能型街巷。村落中的街巷多与当地的文化活动有关，具有特殊的文化内涵。比如，贵州省黔东南苗族侗族自治州隆里所村所有街巷均为龟背形，用鹅卵石镶成动物、花草和钱币等图案，俗称“花街”。这些“花街”不仅是通行道路，也是艺术品，充满了生活情趣和文化韵味。

2. 水体系统

传统村落的水体系统主要包括天井、排水沟、池塘等设施，这些设施的建设也体现出了人们的生活智慧及顺应自然的思想观念。

天井是宅院中房屋与房屋或房屋与围墙围成的一块露天空地，除了具有通风采光的功能外，还具有排水的作用。天井在我国南方传统村落中较为常见，如安徽、江西等地的天井空间也称为“四水归堂”。

排水沟也是传统村落中重要的排水设施，雨水经排水沟排出后大部分流到了附近的河流或者地势低洼的水塘、水池。

池塘不仅是生活用水的集中排放处，还能提供消防用水，更是雨天迅速排除积水的重要“容器”。

3. 防灾系统

传统村落一般坐落于自然环境之中，人们的生产和生活易受到自然灾害的影响。出于对村落安全的考虑，古人在建造村落之时往往比较注重防灾系统的设计。传统村落的选址往往靠近水源，其原因之一就是便于防火。适当的近水关系为防范火灾奠定了良好的基础。另外，村落内的池塘平时可以储存大量水资源，以备不时之需。村落中的支巷也有划分防火分区的作用。支巷两侧的山墙多为砖墙和水泥墙，都是不易燃烧的材料，而且一般做成高出檐口的封火墙。火灾发生时，支巷的间距和封火墙可有效地抵挡火势从一个分区跨向另一个分区，从而起到防火的作用。这种封火墙在我国南方地区较为常见，又称“马头墙”，防火效果明显。马头墙特指高于两山墙屋面的墙垣，也就是山墙的墙顶部分，因形状酷似马头，故称“马头墙”。传统民居建筑的墙体之所以采取这种形式，主要是因为在聚族而居的村落中，民居建筑密度较大，不利于防火的问题比较突出，当火灾发生时，火势容易顺房蔓延。而在住宅的两山墙顶部砌筑高出屋面的马头墙，可以满足村落防火的需要，在相邻民居发生火灾的情况下，起到隔断火源的作用。久而久之，马头墙便发展成为一种特殊的建筑风光。

利用巷道防火的典型村落是湖南省岳阳市岳阳县张谷英村，该村内的巷道除了起着界线分隔和交通纽带的作用之外，还有重要的防火功能。由于两面高墙直抵屋顶，如果发生火灾，村民只需将瓦掀开，火苗便会上蹿，这样就能截断火路，使火势不会蔓延。数百年来，张谷英村从未发生过火灾，究其原因，除了大门口普遍设有烟火塘和渭溪河水穿街而过有利于防火外，独特的巷道设计也是一个重要的因素。

另外，由于河流季节性较强，山地河道两岸的传统村落一年中大部分时间处于干涸或半干涸状态，而在夏季多雨季节极易暴发山洪，直接影响到村民的安全，因此构建山区村落的防洪防灾安全体系是十分必要的。山地区域的传统村落在建造过程中通常在村落周围设置一条环形道路作为泄洪通道，并在路下面设置一条暗沟，让雨水先从坡屋顶排至庭院，然后从庭院排至道路的地下沟渠，形成了多层次、全方位的综合防洪排水体系。比如，陕西省榆林市米脂县杨家沟扶风寨位于陕北高原，土质松软、水土流失严重，因此人们出于防雨考虑，构建了与山脊线和道路结合的截流、溢流立体暗渠排水系统。

（三）村落文化

村落文化是村民在长期历史发展过程中创造的物质财富和精神财富的总和，其可以分为村落物态文化、村落制度文化、村落行为文化和村落精神文化。村落文化隐藏在历史积淀的各种人文内涵中，如有些传统村落的村名隐藏着历史人物或历史故事，有的村落的空间形态、建筑格局隐藏着古人的生存智慧，等等。村落文化不仅反映着村民独特的生活方式，包括民风民俗、饮食文化、劳作方式等，还体现着村落及村民的精神风貌。从这一层面看，传统村落对村民来说，不仅是一种生活环境，更是一种生命印记。

1.村落物态文化

村落物态文化通常是指村落文化中可被人感知的、具有物质形态的事物。它是村民在长期的村落生活中创造的具有物质实体的文化，是村落区别于城市的标志之一，既包括具体的器物，也包括这些器物的生产工艺和生产技术。比如，村落形态与风貌、传统建筑、民俗工艺品、民族服饰、劳动产品等都属于村落物态文化的范畴，它们凝聚着当地村民的文化追求。

另外，村落物态文化还是村民集体智慧或个人智慧的外在表现形式，包括村落自然景观、村落建筑等。通过这些村落物态文化，人们可以体验村落生活，感受村落魅力。总之，村落物态文化是一种静态文化，它是村落文化外在的实体表现，是人们对村落文化的直观感受。

村落物态文化是传统村落的标志之一，一旦被破坏或自然损坏就不可能再生，因此相关部门要对物态文化要素丰富及历史性、延续性、典型性都较强的传统村落予以重点保护，以最大限度地挽救濒临消失的传统村落。

2. 村落制度文化

村落制度文化属于非物质形态文化，它是传统村落基于自身稳定和关系协调，由正式和非正式制度、规则组成的一种约定成俗的规范体系。

（1）乡约。乡约是村民基于一定的地缘和血缘关系，为某种共同目的而设立的一种生活规则和制度，是村落制度文化的重要组成部分。乡约在传统村落的秩序构造中发挥着重要的作用，如教化乡里、促进乡治、劝善惩恶等。随着时代的发展，乡约在整体上呈现出不断消解的趋势。需要注意的是，乡约必须符合相关法律法规的规定。

（2）非正式制度。非正式制度是在传统村落中逐渐自发演化形成的一系列的约定俗成，它并不具有强制性的效力，如某些风俗和民间规定、婚姻家庭道德规范、信仰以及价值观等。非正式制度具有地域特色，不同的地区可能会不同，而且它是在历史的发展中形成的，一旦形成就不容易被打破，且持续时间较长。非正式制度看似松散，实际上与社会结构密切融合。非正式制度由人塑造，也不断影响和塑造着人的行为。

3. 村落精神文化

村落精神文化主要依附村落物态文化，具有一定的隐蔽性，是村民在生产生活中逐渐形成的家族文化、审美观念等。

（1）家族文化。家族文化是传统村落以家庭为核心的村民的行为规范、生活方式和价值体系。家族是家族文化的重要社会基础，家族文化提倡集体主义、家国一体的价值观，是传统村落文化特殊的精神形态。

（2）审美观念。审美观念是指人们在欣赏美、创造美的过程中的态度、理想、趣味的统称。传统村落中村民的审美观念往往外化为建筑风格、营造技艺等，这些反映了人在特定时期的主要审美追求。比如，安徽省黄山市黟县宏村中的传统皖南民居粉墙黛瓦、错落有致，整体建筑呈现出空间与时间的有序变化之美，体现出了人们独特的审美观念。

（四）土地资源

土地资源是传统村落中村民依赖的重要生计资源。传统村落在发展过程中往往会根据本土条件创造出适应自然环境的生计模式。比如，传统村落中的村民依托土地资源创造出了多种生计模式——稻田鱼鸭共生模式、林粮间作模式、水旱轮作模式、立体种植模式等，他们最大化地利用现有资源精耕细作，体现出了独特的生存智慧。

第三节 传统村落的布局

一、选址理念

传统村落的选址一般具有地方景观特色和传统文化特色，因为从选址理念看，人们会综合考虑自然环境、传统文化等因素的影响，营造并保持该地区普遍的传统生活特色。

受自然环境因素影响的选址理念主要包括沿江、抱湖、靠山等，大多体现着人们对自然环境的顺应和遵从，体现着“天人合一”的哲学思想。这种村落一般位于山水环绕的环境中，四面重山围合，村前有流水穿过，形成了背山面水的基本格局。同时，在建筑布局上，整个村落的建造多顺应自然环境的变化，呈现出“物我合一”的理想状态。比如，浙江省台州市仙居县四都村周边环境优美，负山带水，体现出了古人择水而居的选址理念。

受传统文化因素影响的选址理念主要体现在传统村落的宗族性上——聚族而居。这种选址理念能够反映特定历史时期的村落文化，并与维系村民生产生活的方式密切相关。比如，浙江、福建的传统村落多为这种选址理念：为有效防止外敌入侵或对抗自然灾害，通常一个村落中只有一个或几个宗族共同开展生产、经济活动。大多数村落在选址时会先考虑其防御功能，以山为屏障，依山势将房屋建在坡地或悬崖上，村落之外往往是开阔的溶蚀洼地。这种溶蚀洼地底部的冲积土较为肥沃，适宜农作物生长。人们会适当地将其开辟为农田，以满足大规模人口聚居的需要。

二、空间布局

（一）村落布局

村落布局是指人们根据自然环境对村落内各种组成要素进行的安排与筹划，有时也指村落的整体形态。对传统村落布局有着决定性作用的是自然环境。古人在选址建村时通常将自然环境作为首要考虑因素，让村落融入自然环境，靠山临水，坐实向虚。因此，即便是在同一省份，由于自然环境的不同，村落的布局方式也会呈现出较大的差异。也正是由于自然环境及相应的人文历史的共同作用，村落随着时间的推移而留存下来，成为积淀地方传统文化的重要载体。比如，贵州省遵义市汇川区高桥镇新桥村沿山而建，村子四周青山环抱，布局特点为背山面水；贵州省黔东南苗族侗族自治州雷山县公统村依据地形地貌分布于雷舟公路两侧的高低地段，整个村落为“带”状组团布局；贵州省黔东南苗族侗族自治州雷山县开屯村以河道为中心，呈“V”字形沿山分布。又如，闽西南地区以客家文化为主，当地村落具有宗族聚合布局特征，以土楼、九厅十八井为代表的建筑强调家族聚居与防御的功能；闽西北地区受程朱理学影响，且与安徽、江西来往频繁，当地村落依山就势，建筑多具徽派风格；闽南地区以客家文化为主，受海洋文化影响，当地村落布局精巧典雅，红砖建筑造型精美别致；闽东北地区受儒家文化影响，当地村落布局规整，建筑庄严有序。

村落布局并不是固定不变的，在不同的历史时期，传统村落在空间特征分布上也会呈现出不同的特点，特别是在生产方式转变或人口大量增加后会产生较大的变化。比如，在元代及元代之前，河南的人口分布较为集中，村落在空间分布上呈现“一心一带”的格局，即以中原腹地的嵩山文化区为核心，分布在豫晋边界的太行山、王屋山一带。明代，为躲避战乱或自然灾害，河南的传统村落开始向豫北太行山和豫中嵩山地区聚拢，分别形成了豫北和豫中两个核心集聚，同时豫南大别山地区组团已见雏形，但此时豫北和豫中的人口占比仍较大。清代，河南的传统村落基本形成了三个核心集聚组团，同时豫南大别山组团的传统村落集聚加强，人口逐渐增多。这一时期，河南的传统村落很少向豫中嵩山地区聚拢，重点向与山西交界的太行山地区和与湖北交界的大别山地区聚拢。总之，传统村落的空间布局受人口、历史、自然环境等因素的影响，会随着历史的演变而不断发生变化。

（二）院落布局

院落布局是村民根据自己生产生活的需要建造的私人空间，与村落布局相比，它是针对个人或家庭而言的。传统村落的院落布局整体上会受到地域环境、传统观念的影响，并与村落布局的风格保持一致，大至院落的格局，小至房屋的装饰，都有一定的人文讲究。比如，在宁夏回族自治区部分传统村落中，院落中的堂屋和厢房大多是土木结构平顶山式建筑，但用料极为讲究，体现出了独特的建筑风格。廊檐为青砖雕刻，主要雕刻有磬、箭、戟、棋等图案，垂檐、门窗及院内墙面均为精美的木雕和砖雕，主要图案有梅兰竹菊、五福捧寿等，且多采用镂空、浮雕、浅刻等手法，体现出了典型的西北回族建筑与传统建筑文化相互融合的特性。

方位是人们设计院落时考虑的重要因素，它直接影响着相邻院落之间的关系和多个院落组合的方式，特别是堂屋、大门是院落布局的关键。一般堂屋与大门要保持相对较远的距离，在条件允许的情况下，大门的方位与堂屋的朝向还会相互垂直，这为堂屋朝南和朝东的院落提供了多种大门出入方位的选择，如堂屋朝南的院落还可以有朝东、朝西两个方向的出入口。

（三）景观布局

从景观布局看，传统村落通常兼顾整体景观与局部景观的布局。传统村落的整体景观同样会因自然环境的不同而呈现出较大的差异。比如，贵州省六盘水市盘州市大中村所在故地的南北两侧均为连绵高山，山体植被以常绿乔木为主，是村落天然的生态屏障和防御屏障。两山之间是蜿蜒曲折的白块河，河道两侧种植了农田，整体景观布局为南北围合、东西开敞。又如，湖南省吉首市丹青镇河坪村坐落于山间河谷坡地，山环水绕，以河为界分为三个组团，周围均为特色鲜明的山坡林地，整体景观可概括为“三面环水，一面靠山”。

在局部景观方面，传统村落较为重视村落出入水口景观的建构，特别是在水系较为发达的南方地区，村落出入口和重要的公共活动场地都有较大面积的水口。比如，安徽省黄山市黟县西递村的水口处建有文昌阁、魁星楼、水口亭、凝瑞堂及多处石拱桥，这些建筑成了西递村一道亮丽的风景线。

三、空间演变

传统村落的空间演变是一个动态发展的过程，并且在不同历史时期，影响其改变的因素不尽相同。比如，在以耕种为主的传统社会时期，影响传统村落空间形态变化的因素为人口数量和社会环境；近代，影响传统村落发展的主要因素为经济水平或政策。当然，影响传统村落空间形态变化的因素不是一种，而是多种。也正是这个原因，传统村落呈现出了多样化的形态特征。

从整体看，传统村落的空间演变存在以下两种趋势。

（1）村落空间形态由封闭走向开放。传统村落的生态环境和社会环境一直以来都较脆弱，因此人们在最初营建村落时有周密的规划和考量，这就导致了传统村落具有一定的封闭性。但随着历史的发展、社会环境的稳定，传统村落与外界的屏障被彻底打破，不同地区的交流变得频繁，传统村落不再封闭，传统村落的发展进入新的阶段。另外，随着传统村落对自然灾害的应对能力的提升，传统村落跟随时代的脚步，逐渐形成了开放的空间形态。

（2）村落空间结构从单一走向复杂。古代，传统村落的生产和生活模式较为单一，其空间结构只需要满足村民基本的生活需求即可，但随着时代的发展，传统耕种不再是村民唯一的生产模式，原始的农耕经济模式逐渐发展为现代生产与旅游相结合的复合经济模式，许多处于交通要塞的传统村落也不再只依靠农业这一单一产业，而是积极发展相关产业。在此背景下，传统村落不再只是普通的聚居场所，而要满足人们休闲娱乐、社会交往等多种精神文化需求。这种复杂的空间演变趋势对人们保护与发展传统村落产生了较大的考验，如何处理好新与旧、保守与前卫、过去与将来的问题，如何在传承传统文化的同时，使传统村落获得更好的发展成了人们要深思的重要问题。

第四节　传统村落形成的影响因素

传统村落的形成是一个长期过程，受到多种因素的影响，包括自然环境因素、经济活动因素、社会组织因素、社会与文化因素、防御与安全因素、交通与交流因素以及其他外部影响因素等。每一个村落都有其独特的历史和文化背景，这使得每一个村落都具有一定的特色和价值。

一、自然环境因素

自然环境是影响传统村落形成的重要因素之一。在历史的长河中，为了满足农业生产和人们日常生活的基本需求，人们倾向选择那些水源充足、土壤肥沃和气候适宜的地方作为定居点。这些自然条件不仅为人们提供了稳定的食物来源，还确保了居住的舒适性和安全性。

自然环境包括水源、土壤、气候条件等。其中，水源是生命之源，充足的水源可以滋养土壤，使之更加肥沃，为农作物提供了良好的生长环境。同时，水是人们日常生活中不可或缺的资源，可用于饮用、洗涤和灌溉。因此，水源充足的地方往往成为人们首选的定居地。土壤的肥沃程度直接影响着农业生产的效益。肥沃的土壤能够产出更多的农作物，为村民提供充足的食物。这不仅满足了村民的基本生活需求，还为传统村落的经济发展创造了条件。在这样的土地上，村民可以种植各种农作物，养殖家畜，从而确保了食物的多样性。气候条件同样对传统村落的形成和发展有重要作用。适宜的气候可以确保农作物的正常生长，减少天气原因造成的农作物损失。同时，温暖湿润的气候也有利于人们居住，使人们在日常生活中感到舒适。所以，充足的水源、肥沃的土壤和适宜的气候是人们选择定居地的重要考量因素，这些自然条件为传统村落的稳定发展创造了有利条件。

二、经济活动因素

经济活动主要为传统村落的形成和发展提供一定的动力。无论是基本的农业生产，还是手工艺品制作和其他经济活动，它们都在不同程度上影响和塑造着传统村落的特色、规模和功能。在古代，人们的生活方式大多以自给自足为主，而农业是最基本的经济活动。土壤肥沃与否和水资源充足与否直接决定着农业生产效益的高低。因此，土壤肥沃和水源充足的地方往往成为人们首选的定居地，这样可以有稳定的食物来源和良好的经济基础。随着时间的推移，除了农业外，其他经济活动也开始逐渐兴起。例如，某些地区可能因丰富的矿产资源而发展采矿业，或者因地理位置的优势而发展贸易。这些经济活动不仅为传统村落带来了更多的财富，还吸引了更多的人，促使传统村落规模不断扩大。在经济活动的推动下，传统村落内部的社会结构和组织也会发生变化。为更好地组织生产和交易，传统村落中可能会形成合作社、工会或其他经济组织。这些组织有助于进一步加强村民之间的联系，促进传统村落与外界的交流。此外，经济活动还会对传统村落的布局和建筑风格产生一定影响。例如，以贸易为主的传统村落可能会建有市场、商店和仓库，以手工艺品制作为主的传统村落则可能有专门的作坊和工艺品展示区。可见，经济活动在传统村落的形成中发挥着重要的推动作用。

三、社会与文化因素

传统村落不仅仅是人们的聚集地，更是文化交织产物。在历史的长河中，家族、宗族和其他社会组织是村落形成的基石。这些组织增强了传统村落的稳定性，也塑造了传统村落的社会结构和文化特色。

文化传统、宗教信仰和习俗等文化因素会随着传统村落的发展而不断发展。这些文化元素不仅影响着村民的日常生活方式，还体现在建筑风格、节日庆典和艺术创作中。例如，在传统村落中，某些传统节日可能会有特定的庆祝活动和仪式。社会交往和互动也对传统村落的形成有着深远的影响。人们通过婚姻、贸易和其他社交活动建立密切的联系。随着时间的推移，这种社交网络可能会扩大，涵盖更广泛的地区和人群。此外，社会与文化还影响着传统村落的权力结构和决策机制。在某些传统村落中，家族或宗族的长老可能会拥有决策权；在某些传统村落中，权力可能更为分散，由多个家族或组织共同参与决策。社会与文化不仅塑造了传统村落的物理形态，更重要的是赋予了传统村落生命和灵魂，使其成为一个充满活力和文化底蕴的地方。

四、防御与安全因素

在历史上，许多村落的位置和布局都会考虑外部威胁。为了防御外敌，人们可能选择在山脚、河边或其他有利于防御的地方建立村落，并建造城墙或其他防御设施。

地理位置是决定村落安全性的关键因素。历史上，人们选择定居地时都会考虑地理因素。特定的地理位置，如岛屿或其他天然屏障，可以为村落提供一道天然的防线，使其免受外部侵害。岛屿由于四面环水，为村落创造了一个相对封闭的环境，使得任何外部侵入者都必须先克服水域这一障碍。

村落的布局和建筑结构在很大程度上反映了村民对安全的关注和追求。在历史的长河中，面对外部的威胁和不确定性，人们不断地完善自己的居住环境，使其更加坚固和安全。城墙是古代村落的标志性防御设施。它围绕村落形成了一个坚固的屏障，有效地隔离了外部的侵入者。城墙的高度和厚度都是经过精心计算的，旨在抵御各种攻击。此外，城墙上还设有箭楼和炮台，为防守者提供了一个有利的射击位置。瞭望塔和堡垒则是村落的另外两个重要防御设施。瞭望塔通常建在村落的高点，使守卫可以远观四周，及时发现潜在的威胁。堡垒则是一个坚固的建筑，通常设有厚重的墙壁和狭窄的射击孔，为村民提供了一个紧急情况下的避难所。除了这些明显的防御设施外，村落的道路设计也充分考虑了安全因素。为了使敌人难以快速进攻，道路经常被设计得曲折迂回。这不仅可以减缓敌人的进攻速度，还可以为防守者提供更多的时间和机会进行反击。由这些细节可以看出，村落的布局和建筑结构是村民对安全追求的深刻体现。每一座城墙、每一座瞭望塔、每一条道路都承载着居民对和平与稳定的渴望，也见证了他们为保护家园付出的努力。

五、交通与交流因素

在古代，村落的位置和发展往往与其所处的交通网络密切相关。一个便捷的交通网络不仅可以促进物质的流通，还可以加强文化和信息的交流，从而为村落的繁荣和发展创造有利条件。

村落往往设置在河流、主要交通线路附近。河流不仅为村落提供了水资源，还是重要的交通和贸易通道。通过河流，村落可以与外部世界进行交易，获取稀缺的资源，如盐、铁和其他珍贵的商品。同时，河流为村落带来了外来的文化和信息，促进了文化的交流和融合。道路则是另一种重要的交通和贸易通道。位于道路附近的村落往往更加繁荣，因为这些村落可以更容易地与外部世界进行交流和贸易。道路不仅可以带来商人和旅行者，还可以带来新的技术和知识，为村落的发展提供新的机会。

交通与交流因素还在一定程度上促进了村落内部结构和组织的变化。随着与外部世界的交流增加，村落可能会形成新的社会组织，如商会。这些组织不仅可以为村民提供经济上的支持，还可以为他们提供与外部世界交流的机会。

六、其他外部影响因素

战争、自然灾害等外部因素也会影响村落的形成和发展。例如，一些村落可能因为战争而被迫迁移。

战争是历史上具有破坏性的外部因素之一。它不仅会造成人员伤亡和财产损失，还会迫使许多村民离开家园，寻找新的定居地。在这种情况下，一些村落可能会消失，新的村落则可能在废墟上建起。同时，战争可能加快文化交流，使得不同的民族和文化在村落中融合。

自然灾害，如洪水、地震和干旱，也会对村落的形成和发展产生一定影响。这些灾害可能会破坏村落的基础设施，导致食物和水源短缺，迫使村民迁移。但在一些情况下，自然灾害也可能为村落带来新的机遇。例如，河流改道可能会为村落提供新的耕地，火山爆发则可能为土壤带来肥沃的矿物质。在历史的长河中，村落不断地应对这些外部挑战，适应并发展，形成了今天人们看到的独特风貌。

第二章　传统村落的价值与保护意义

第一节　传统村落的价值

一、历史价值

传统村落的建造时间一般较为久远，在发展过程中逐渐积累了深厚的历史价值。传统村落的历史价值主要表现在两个方面：一是村落的形成与发展本身就需要经过一个漫长的时间；二是村落的构成要素（如传统建筑、道路体系、生产生活工具等）反映着历史的演变过程。许多传统村落遗存着远古时期的石器、陶器等生产生活工具，具有较高的考古价值。部分传统村落还与重要的历史人物和历史事件有着紧密的联系，甚至有的村落名称源于一些历史事件，如江苏省昆山市千灯镇歇马桥村因宋代名将韩世忠曾带兵至此歇马休憩而得名。有些传统村落内还有名人故居、文物古迹等文化资源，体现出了深厚的历史文化底蕴，如福建省晋江市金井镇福全村、福建省泉州市永春县岵山镇茂霞村，江苏省苏州市吴中区陆巷古村等。

二、建筑价值

传统建筑是传统村落的重要标志物，其用材、布局、装饰等都具有特定历史时期的典型特征。传统村落的建筑价值主要体现在认知、经济、审美三个方面。

（一）认知价值

传统建筑体现着传统村落的乡土文化，它是传统村落乡土文化历史形态的具体表现，人们可以通过传统建筑来认识和了解某个民族或地域的村落在特定历史时期的发展状况，这便是传统建筑的认知价值。传统建筑保留着某个民族的历史记忆，它与乡土文化相互促进、相互影响，共同推动着传统村落不断向前发展。一方面，乡土文化丰富了传统建筑的文化内涵；另一方面，传统建筑作为乡土文化的重要物质载体，对乡土文化的传承与发展起着重要的作用。

（二）经济价值

传统建筑的经济价值主要体现在旅游开发带来的商业利益上。不可否认，旅游开发确实能够在一定程度上促进当地的经济发展，提高当地居民的生活水平，但是旅游开发也存在着一定的弊端，如对当地环境造成破坏、对当地文化造成冲击等。因此，人们必须以理性、慎重的态度看待传统建筑的经济价值，不能为了追求其经济价值而打破原生文化与自然环境的平衡。

（三）审美价值

传统建筑传递着特定的文化语义和审美情感，能够让人产生美的直观感受，其审美价值主要体现在结构美、装饰美、工艺美、形式美等方面。从结构、装饰、工艺看，传统建筑有独特的美感。比如，贵州省贵阳市开阳县马头寨的民居多为“干栏式”四合院、三合院建筑，一般为穿斗（以柱直接承檩）与抬梁（在柱顶或柱网上叠架屋梁）混合结构，一正两厢加对厅（或照壁）。正房面阔三间、五间或七间不等，大门外加建腰门，左厢前多建有朝门，门窗均饰有精致木雕，且以龙、凤等吉祥图案居多。另外，传统建筑本身具有一定的审美法则，符合人们的传统审美观念。比如，河南省商丘市虞城县郭老家村建造的焚香楼就具有一定的形式美，它由较大的青砖搭建而成，梁檩为斗拱结构，楼顶上陶制的青瓦阴阳相合、行距均等，楼脊高屋建瓴，山墙上也都有高脊，上置许多陶兽，或立或卧，各具风姿，深刻体现出了古人建筑技艺的精湛，给人以独特的美感体验。

三、社会价值

传统村落是由主要从事农业生产的村民有机联系起来的生活共同体和典型的乡村社会集合体，这些村民有着共同的价值观念、道德伦理观念，是整个社会的重要成员。从宏观层面看，传统村落的延续与发展是以整个社会的发展为前提的，离开了社会共同体世代积累的文化遗产，传统村落想要有所延续是几乎不可能的。人们通常认为传统村落普遍与外界社会隔绝，但这种看法是片面的。实际上，大部分传统村落与整个社会存在紧密联系。有些传统村落已经发展成具有民族特色的旅游胜地，不可能与外界隔绝联系；有些传统村落是沿古商道开展商业活动而形成和发展起来的，交通便利，这种村落与外界联系普遍较密切，长期的商旅网络还在一定程度上促进了沿线村落的商业形成与发展，对沿线村落的建筑风格、营造技艺、民俗文化等产生了一定影响。因此，从宏观上看，传统村落与社会的关系是相互促进、相互影响的，社会对传统村落的发展有一定的促进作用，传统村落也影响着社会的发展，其社会价值不言而喻。从微观层面看，传统村落自身也构成了独特的社会形态，其村民普遍具有较强的家族观念和宗族意识，认为社会价值高于个人价值。

当村落受到外敌的入侵或发生重大的自然灾害时，村民会团结一致，共同抵御外敌或避灾救险。另外，不同地域的传统村落代表着不同的乡村社会文化，如江苏省常州市金坛区儒林镇鲁墅村是诸葛亮后人的迁居地，是由诸葛亮后裔聚居在一起形成的乡村社会，具有典型的地域乡村特点和民俗文化特征。所以，无论从宏观层面还是微观层面分析，传统村落都具有一定的社会价值。

四、科学价值

传统村落的科学价值主要体现在物质层面，如古建筑、生产工具等。传统村落的村民在建造房屋或从事生产时会充分结合当地的气候和环境，既不破坏自然环境，又蕴含着人类智慧，这种因地制宜、务实笃行的做法具有一定的科学价值。同时，传统民居整体建筑风貌保存完整，对建筑学、考古学等学科的研究具有较高价值。

五、生态价值

生态价值是生态学中的一个基础性概念，是人们对生态环境客体做出的经济判断、伦理判断和系统功能判断。传统村落的生态价值不仅体现在村落处于青山绿水的自然环境之中，更体现在村落内部具有的生态文明系统方面。一方面，天人合一的生态理念是维系人与自然和谐共生的基础，它体现着劳动人民尊重自然、利用自然的智慧；另一方面，自给性消费方式减少了人们对市场的依赖，间接地维系了生物多样性。另外，传统村落低碳的生活传统、种养结合、生产与生活循环体系等构成了独特的生态系统与生态文化，体现了劳动人民充分利用乡村资源的生产智慧。

六、文化价值

传统村落的文化价值既可以体现在空间布局、建筑风格等物质形态方面，还蕴含在生活习俗、信仰观念等非物质形态之中。这种价值具有鲜明的历史特色，与一个地区或民族的存续与发展有密切联系。比如，浙江省舟山市里钓山村的石建筑从院落布局上看体现着自然和谐的生态理念，这里的村民顺应自然、融入自然，注重自然环境保护，充分彰显着传统民间的生态文化价值；从院落用材看，这里的建筑体现着实用节能的文化理念，村民就地取材、广用石材，真正做到了物尽其用。

总之，传统村落的文化价值是复杂多样的，不同地区传统村落的文化价值也存在着较大差异，政府在对传统村落实施保护时，要注意对这些文化遗产的抢救。

第二节　传统村落的保护意义

传统村落是劳动人民的智慧结晶，是不可再生的文化遗产。保护传统村落有极为深远的意义。一方面，保护传统村落，开发传统村落的优秀文化资源，并将文化创意产业与传统村落进行有机融合，可以促进传统村落产业结构的改良，找到一条适合传统村落发展的道路。比如，政府可以根据传统村落的特性，适当开发文化遗产旅游业，推动传统文化的产业化发展。另一方面，保护传统村落中的历史文化遗产在传承历史文化、振兴旅游业、促进农村地区可持续发展、提高民众认同感等方面发挥着重要作用。因此，政府要以文化遗产类型、保护等级与遗产保存状态为依据，定期增补保护对象，并积极开展活化利用活动，建立分级分类保护利用机制和抢救性保护管理机制，切实完善历史文化遗产可持续保护机制。

传统村落是祖辈的生活故园，保护传统村落，是城镇化浪潮中尤为迫切的时代呼唤，也是所有人的共同心愿。从历史文化角度分析，传统村落是我国历史文化的鲜活载体，它承载着中华儿女内心深处的“乡愁”。因此，加强传统村落的保护可以为我国城镇化发展保留部分历史文化脉络，使不同地区更好地体现出地域特征。从改善民生的角度分析，传统村落多分布于民族地区、欠发达地区，村民期望提高生活质量的需求迫切。因此，在严格保护传统风貌的基础上，完善传统村落中的基础设施与公共空间，改善人居环境，是促进传统村落发展与进步的应有之举。

传统村落是传统文化的基因库。从风貌特征上看，传统村落能集中反映我国灿烂悠久的农耕文明。我国是历史悠久的农业大国，农耕文明是中华文明的核心，而承载、体现和反映农耕文明内涵的就是那些幸存的传统村落。这些传统村落不会随着城市的发展而走向消亡，会随着人们对空间需求、文化追求的多元化而具有更重要的价值。

具体来看，保护传统村落具有以下意义。

一、有利于保护历史文化遗产

保护传统村落就是保护历史文化遗产。传统村落自身具有的历史价值、建筑价值等在前面已有所论述，而保护传统村落就是对这些价值进行合理、有效的利用与保护。保护传统村落的建筑特色和文化特色在维系文化多元性、继承与发展地域特色等方面有着重要意义。因此，政府要尊重传统建筑风貌，不改变传统建筑形式，对确定保护的濒危建筑物、古建筑及时抢救修缮。同时，政府应尊重村民作为文化遗产所有者的主体地位，鼓励村民按照传统习俗开展乡村文化活动，并保护与之相关的空间场所、物质载体等。

为了更好地保护传统村落中的历史文化遗产，政府要保持传统村落的真实性、完整性和延续性。在真实性方面，政府要注重文化遗产存在的真实性，杜绝无中生有、照搬抄袭；注重文化遗产内涵的真实性，避免出现一味娱乐化等现象；注重文化遗产形态的真实性，杜绝填塘、拉直道路等改变历史格局和风貌的行为，禁止没有依据的重建和仿制；注重村民生产生活的真实性，合理控制商业开发面积比例，严禁以保护利用为由将村民全部迁出。在完整性方面，政府既要注重传统村落历史的完整性，保护各个时期的历史记忆，防止盲目地塑造特定时期的风貌，又要注重传统村落空间的完整性，保持建筑、村落及周边环境的整体空间形态和内在关系，避免"插花"混建和新旧村出现不协调。另外，政府还要注重传统村落价值的完整性，挖掘和保护传统村落的历史价值、文化价值、艺术价值，防止片面追求经济价值。在延续性方面，政府不仅要注重传统文化的延续性，传承优秀的传统习俗和传统技艺，还要注重经济发展的延续性，提高村民收入，让村民享受现代文明成果，更要注重传统村落生态环境的延续性，采取人与自然和谐相处的生产生活方式，严禁以牺牲生态环境为代价过度开发传统村落。

二、有利于改善村民的生产生活条件

政府要正确处理传统村落保护和村民改善生活意愿之间的关系，在符合相关保护规划的前提下，优先安排传统村落的基础设施和公共服务设施建设项目，积极引导村民开展传统建筑节能改造和功能提升活动，改善村民的居住条件，提高人居环境品质。另外，政府还可以深入挖掘和发挥传统文化遗产的价值，针对不同类型的文化遗产提出合理的利用方式和保护措施，在延续传统生产生活方式的基础上适度开发特色产业，纠正无序和盲目建设，防止大拆大建。

保护传统村落绝不是原封不动、毫无变化。传统村落与现代社会的融合需要使村民的生产和生活朝着现代化方向发展，使村民享受现代文明和科技进步带来的便利。政府可以在不改变街区历史格局、尺度和建筑外墙的前提下优化街道、建筑的使用功能，进而提升传统村落村民的生活质量。

从社会发展的角度看，传统村落必须具备满足人们现代居住生活需求的服务功能，有助于村民改善生产生活状况。传统村落中的村民在相当长的一段时间内主要从事农业生产或其他相关服务业，因此对传统村落的保护必须有利于村民的生产与生活，将保护与利用进行有机结合，让传统村落具有持续发展的生命力。需要注意的是，保护传统村落不是将其固化，而是动态地保护、建设性地保护。一方面，政府要保护和利用好传统村落良好的生态环境、村落布局方式、自然资源、传统建筑等；另一方面，政府要对传统村落的功能进行合理重构，对村落的基础设施进行必要的整治与更新，调整其产业结构，拓展村民创收渠道，以更好地保护与发展传统村落。

第三章　传统村落的保护理论与原则

第一节　传统村落的保护理论

一、文化景观理论

“文化景观”一词最早来源于文化地理学，它是自然地理在意识范畴的投射和反映。地理学家苏尔（Sauer）在《景观的形态》中指出，文化景观是附加在自然景观上的人类形态。在他看来，文化景观就是某一文化族群利用自然景观的产物，文化是动因，地域是载体，文化景观是结果。自然地理是文化景观的生成条件，文化景观则赋予了自然地理文化印记，两者相互依存，构成了一个有机整体。

文化景观理论的核心在于始终强调人类和自然之间的相互作用。景观作为一种可见的物质现象，会受到多种文化的影响而呈现出不同的形态。文化景观阐明了基于自然环境与社会环境，受到经济与文化的影响，人类社会及其环境的有机演进过程。

文化景观既包括有形的物质形态因素（建筑、服饰、工具等），还包括非物质形态的文化因素（如思想意识、生活方式、风俗习惯等）。

物质形态因素是物质文化的外在表现，主要指人造的景观，它与人类生产和生活密切相关。比如，云南傣族村落的典型建筑是竹楼，其建筑材料和结构反映着当地的自然环境，体现着当地的文化特性。非物质形态的文化因素包括帮助人们认识世界的语言、思想观念，约束人们社会行为的道德、信仰，反映社会组织形式的规则制度、风俗习惯等。这些非物质形态的文化因素是在客观物质环境条件下，从人们的文化行为中衍生出来的一种无形的、可被人们感知的文化形态。物质形态因素与非物质形态的文化因素是紧密联系的，它们相辅相成、相互补充，共同构成了文化景观这一整体。

二、有机更新理论

有机更新理论的提出最初是为了解决城市规划中旧城整治与新城建设之间存在的矛盾。我国建筑学家吴良镛在对北京什刹海项目进行规划研究时，明确提出了有机更新的思路，主张根据房屋现状，对原有居住建筑进行处理。即保留质量较好、具有文物价值的建筑，修缮部分房屋完好的建筑，更新已破败的建筑。这一思路便是有机更新理论的萌芽。之后，吴良镛在北京菊儿胡同新四合院住宅工程中进一步将有机更新理论付诸实践，并获得了人们的广泛关注和高度评价。吴良镛在归纳这一实践成果时指出："所谓'有机更新'，就是采用适当规模、合适尺度，依据改造的内容与要求，妥善处理目前与将来的关系，不断提高规划设计质量，使每一片的发展达到相对的完整性，这样集无数相对完整性之和，就能使北京旧城的整体环境得到改善，达到有机更新的目的。"①

有机更新理论的核心思想是按照历史城区内在的发展规律，顺应城市肌理，遵循循序渐进的原则，通过有机更新实现有机秩序。这里的

① 吴良镛．北京旧城与菊儿胡同[M].北京：中国建筑工业出版社，1994：68.

“更新”是指在保护历史城区整体环境和文化遗产的前提下，为满足当地居民生活需要而进行的必要的调整与变化。这里的“秩序”是指建立既有利于保护历史城区的传统特色，又有利于维护原有社区结构的住宅产权制度，依靠社会资金，以自助力量为主，进行日常维修和小规模整治。政府不仅要积极探索新的城市设计理念，也要努力研究将可持续发展战略运用到传统村落保护中的途径。政府应在传统村落的保护中贯彻有机更新理论，转变现有的大规模民居改造模式，采取有效措施抢救和保护传统建筑与传统风貌。

三、可持续发展理论

可持续发展理论是政府在对传统村落实施保护时需要遵循的基础理论之一。1987年，挪威首相布伦特兰（Brundtland）在《我们共同的未来》报告中首次提出了可持续发展这一概念，指出可持续发展理论包含经济、生态、社会三个方面，国家在发展过程中不仅要注重经济效益、关注生态和谐、追求社会公平，更要注重经济、生态、社会可持续发展。经济的可持续发展要求改变传统的生产模式和消费模式，有效地提高资源利用率，避免浪费。生态的可持续发展要求国家保证自然资源的可持续利用，在促进经济发展和社会发展时考虑生态环境的承载力，改善生态环境，实现资源的可持续利用。社会的可持续发展强调社会公平是环境保护得以实现的机制和目标。从可持续发展的角度看，政府在对传统村落实施保护时要综合权衡其经济效益、环境效益、社会效益，使传统村落焕发新活力。

第二节　传统村落的保护原则

一、原真性保护原则

原真性保护原则是历史文化保护中对文化遗产价值判定的重要原则，也是政府在对传统村落实施保护时需要遵循的首要原则。

对于传统村落中的物质文化遗产，如古建筑，政府要遵循原真性保护原则，确定修缮和改建方案，不成片拆除重建，能不动的尽量不动，以保持其原有特色。在保持传统建筑整体风貌的基础上，政府还要根据需要，对一些危险的、有可能倒塌的建筑进行加固或修复，改变传统村落落后与杂乱的面貌。

对于传统村落中的非物质文化遗产，政府要遵循原真性保护原则，通过声像媒体或文字将其当前状态记录下来，并保护好掌握传统技艺的非物质文化遗产传承人。政府还要尽量完整地呈现非物质文化遗产的历史价值、美学价值，突出传统村落的文化特色，防止出现片面追求经济价值、一味娱乐化等问题。

二、整体性保护原则

保护传统村落还应遵循整体性保护原则。传统村落是由古建筑、道路、公共场所、农田、周边环境等物质形态及营造技艺、民风民俗、传统节日等非物质形态组成的一个完整体系，它是物质文化遗产和非物质文化遗产的重要载体，可以在一定程度上反映特定历史时期人们真实的生活状况。因此，保护传统村落不仅在于保留其独特的民居建筑，更在于保护和传承其丰富的乡村文化、民俗风情及传统技艺，正是这些非物质文化，才使传统村落有了凝聚力。

如果自然环境、传统建筑等物质形态是传统村落形成与发展的基础，那么民俗活动、传统技艺等非物质形态是传统村落的内核。整体性保护原则要求政府正确处理物质形态、非物质形态与传统村落之间的关系，不仅要注重对传统建筑、古街道等物质形态的修复与保护，更要注重对民俗活动、传统技艺等非物质形态的保护，积极为传统村落创造良好的社会人文生态环境。比如，贵州省黔东南苗族侗族自治州从江县增冲村，从物质形态上看，至今还保留着风雨桥、吊脚楼等古建筑，以及青砖巷道；从非物质形态上看，它还延续着农耕文化、民俗文化等具有地方特色的传统文化。这就要求政府兼顾物质形态与非物质形态的整体保护，深入挖掘传统村落的历史价值、文化价值、科学价值等重要价值。

三、因地制宜原则

因地制宜原则要求政府在保护传统村落时，根据地理环境特点，采取符合传统村落发展规律的保护措施。一般来看，大部分传统村落坐落于自然生态环境较好的地带，无论是山区、盆地，还是丘陵、平原，其自然生态环境都有不同的特色。比如，江南地区的村落以水乡为特色，河湖密布的地理环境孕育了鱼米之乡文化；苏北平原则地势开阔，视野通透。政府只有遵循因地制宜的保护原则，保护好当地特有的自然生态环境，才能充分发挥传统村落的地域优势，更好地保护和发展传统村落。

四、可持续发展原则

传统村落是由众多村民所组成的、动态发展的有机体。政府开展的各项保护工作应以促进传统村落的可持续发展为根本，积极保护和合理利用历史文化遗产，探索“在保护中求发展，在发展中更好地保护”的有效路径，实现传统村落的经济、文化、生态可持续发展。

另外，为促进传统村落的可持续发展，政府还应重点保护传统村落的自然生态环境。传统村落一般坐落于风景优美的自然环境之中，拥有得天独厚的生态资源，这些自然资源体现了传统村落的历史文化和特定的地域背景，也反映了当地居民的生活方式。政府可以通过维护生态系统的平衡、修复当地的自然生态环境等措施，促进传统村落可持续发展。

第四章　传统村落保护与发展的基础

第一节　消除保护与发展的矛盾

一、保护是对传统村落文化的保护和传承

传统村落是历史的见证，其用自身独特的建筑风格、传统习俗和人文故事，向世人展示了一个时代的风貌和一个地区的文化特质，具有深厚的文化底蕴。一方面，传统村落是历史的见证。每一块砖、每一块瓦都承载着故事。村落中的老房子、古桥、祠堂等都是历史发展过程中的物质遗留，它们见证了一个地区的兴衰变迁、社会的进步与文化的沉淀。不同于历史书籍的文字记载，传统村落提供了一个直观、真实的历史舞台，让后人能够更加直观地感受历史。另一方面，传统村落是文化的承载者。村落中的每一个风俗、习惯、节庆、工艺，都是一种文化的表现。这些文化不仅是历史的产物，更是人与人之间关系、人与自然之间关系、人与社会之间关系的综合体现。对于每一个生活在这片土地上的人来说，传统村落文化都有着不可替代的意义，它们是人们对外部世界的一种独特表达。保护传统村落实际上就是对传统村落历史、文化的保护和传承，

其并不仅仅是对一些古老建筑或风俗的保护，更是对一个民族、一个国家的历史、文化和集体记忆的尊重与继承。

二、发展是实现传统村落振兴的现实手段

传统村落的历史和文化资源使传统村落具有了独特的价值，也为其发展提供了优势。比如，其丰富的非物质文化遗产（如手工艺、民间舞蹈、传统节庆等）是吸引游客的宝贵资源。通过合理开发和推广，这些资源将转化为经济效益，进而促进当地经济的发展。发展意味着为传统村落带来现代化的设施和服务。例如，现代化的交通、通信、医疗和教育等基础设施的完善可以大大提高村民的生活质量。同时，这些现代化的设施和服务可以使传统村落更有吸引力，从而吸引更多的游客和投资人，进一步推动当地经济发展。需要注意的是，发展并不是盲目追求经济效益的过程。在发展过程中，政府必须坚持对传统村落文化、历史的尊重和保护，确保发展和保护之间达到平衡。通过恰当利用传统村落的资源，传统村落的经济、文化得以振兴，从而传统村落也成了现代社会中独特而有活力的一部分。

提及发展，人们往往先想到的是经济增长，但其实发展的内涵远远不止于此。发展更是涉及社会、文化等多个层面的进步，是一个地区、一个国家的综合体现。对于传统村落而言，发展意味着在尊重和维护自身特色的基础上，引入现代化元素，促进自身与外部世界的连接与交流。在经济层面，发展能够促进当地产业的升级，如将传统的手工业与现代设计思维相结合，推出市场竞争力强的产品。此外，通过发展旅游业、特色农业等方式，传统村落可以有稳定的经济收入。在社会层面，发展可以使传统村落拥有更加完善的公共服务体系，如教育、医疗、交通等，这些都直接关系到村民的生活品质。当地居民，尤其是年青一代，不再需要为了更好的生活条件而离开家乡，从而确保了传统村落的持续活力。

在文化层面，发展则意味着村落可以更好地保存、传承和推广自身独特的文化遗产。通过组织文化活动、建设文化设施、开展文化教育活动等方式，传统村落被注入了新的生命力，成了连接村民与游客的纽带。

此外，与外界的交流和合作也是发展带来的红利之一。与外界的交流可以给传统村落带来新的视角、方法和经验。在现代化的浪潮中，许多传统村落面临各种挑战。而外界的先进经验和知识正好可以为传统村落提供解决问题的钥匙，帮助其更快、更好地融入现代社会，实现真正的振兴。合作则为传统村落打开了一个更为广阔的舞台。通过与其他地区的合作，传统村落可以获得更多的资源和发展机会，从而在更广泛的层面实现自身振兴。更为重要的是，与其他地区的合作，使得传统村落不再是一个封闭的单元。它可以与其他地区分享资源，交换经验，共同探索发展之路，寻找最适合自己的发展模式。这种合作无疑为传统村落的可持续发展提供了更多的可能性和机会。

三、在坚守“保护底线”的前提下追求“发展优先”

传统村落的保护与发展往往需要在历史遗产的维护与现代需求之间找到平衡。这一平衡的关键是在坚守“保护底线”的前提下追求“发展优先”。

坚守“保护底线”是对传统村落的基本尊重。传统村落是历史的见证、先人的智慧结晶、文化的载体，更是一个地区、一个民族的集体记忆，其中蕴藏的价值是无法用金钱来衡量的。因此，任何发展行为都不应该损害传统村落的价值，这是传统村落发展的底线。这意味着政府在推动发展的同时，必须保证不破坏传统村落的历史建筑、不改变其原有的风貌、不割裂其文化脉络。然而，单纯的保护并不能满足传统村落在现代社会中的发展需求。村民需要更好的生活，需要更多的就业机会，需要现代化的基础设施。这就要求政府在尊重传统的基础上，积极寻找发展的路径，确保传统村落在现代社会中找到自己的位置。因此，“发展优先”不仅仅要确保经济增长，更要确保传统村落有活力。需要注意的是，“发展优先”并不意味着可以为所欲为，它必须在“保护底线”的前提下进行。这要求政府在发展中创新，寻找那些既可以促进经济增长，又不会损害传统村落蕴含的价值的方法。这可能是一种文化旅游，可能是一种以传统工艺为基础的产业，或者是一种与本地资源和文化相结合的创新活动。

第二节　协调“传统”与“现代”的关系

一、理性看待“传统”与“现代”在传统村落中的二元并立

“传统”一般指世代相传、具有特点的社会因素，如文化、道德、思想、制度等。“现代”通常指人们生活的这个时代所熟知的一切，与当前的生产生活水准与方式有着明显的关联性。两者不是处于相互对立的位置，而是互相关联与融合的关系。事实上，世界上并不存在纯粹的“传统”和纯粹的“现代”，每个社会的传统性内部都有发展出现代性的可能，“现代”过程只是“传统”不断被削弱和“现代”不断被增强的一个过程，是传统文化与现代文化求同存异、共谋发展的过程。对于任何一个社会而言，“现代”作为社会变化的一种进程和结果，不可避免地要同“传统”发生互动，并实现与“传统”的交融。因此，与其说“现代”的结果是同“传统”的决裂，还不如说“现代”的本质是传统形态在科学技术进步的条件下对现代社会变化所做的功能上的适应。因此，在立足本地传统的基础上，有选择地吸收现代文化的有益成分，或者在现代背景下，尊重和发扬传统的文化形态和精神，有助于推动现代化进程和本土传统文化传承发展。

基于上述关于“传统”与“现代”关系的基本认知，人们可以更为客观地看待“传统”和“现代”在传统村落这一特定聚集环境中的并立现象。笔者认为，“传统”与“现代”的并立是不可能也不应该被消除的。“传统”是传统村落最大的显性特色，也是物质和非物质两类遗产的本质属性。当人们走在古老的巷道时，当人们听到村落中那传承千年的歌谣时，人们实际上是在与一种时空、一种记忆进行对话。这种对话深入人们的骨髓，悠远而又亲近。与此相对的是“现代”，它带来的是新的观念、新的生活方式、新的技术手段。在许多情境下，现代化可能会对某些传统造成冲击，甚至威胁。但这并不意味着“现代”与“传统”之间的关系只能是对立的。事实上，在现代化的进程中，人们也往往会对“传统”重新进行解读，赋予其新的意义，使其在新的时代背景下焕发新的生机。因此，“传统”与“现代”不是对立的两极，而是相互作用、相互渗透的。它们是使传统村落保持生机、不断发展的重要力量。在“传统”与“现代”的交融中，传统村落既能够守住文化底蕴，又能够拥抱新时代带来的机遇与挑战。这种并立是传统村落历史与未来交织的最佳写照，也是人们在面对“传统”与“现代”时应有的理性态度与深沉思考。

从文化和历史的角度看，“传统”与“现代”的结合是对历史的延续与发展。传统村落中的“传统”并不是一成不变的。随着时间的流逝，各种文化因素在村落中交融，与当代社会相互作用，使“传统”得以不断更新和发展。在这个过程中，“传统”与“现代”的融合和碰撞为传统村落带来了新的活力和创意，同时使其保留了历史的记忆。从社会和经济的层面看，传统村落需要与外部世界交流和合作以持续发展。现代化的科技、知识和管理方法的应用有利于提高传统村落的生产力和村民的生活质量。如果村民抗拒现代因素进入传统村落，可能会导致传统村落与外部世界的脱节，使传统村落难以适应现代社会的需求和挑战。从心理和认知的角度看，理性对待“传统”与“现代”的关系有助于人们更好地认识传统村落中的文化遗产。通过深入理解“传统”与“现代”的交互，人们可以更加明确传统村落的文化定位，更好地面对文化多元化带来的机遇与挑战。从长远的角度看，理性看待“传统”与“现代”的关系有利于确保传统村落的可持续发展。“传统”和“现代”并不是对立的，而是可以相互补充和促进的。只有理解并尊重这种关系，国家才能够在追求经济发展的同时，促进传统文化的传承和保护。

二、高度重视“传统”对传统村落现代化发展的推动作用

传统村落是一代又一代人的集体记忆，是历史、文化与自然环境的交融体现。随着时代的发展，“传统”与“现代”的融合在传统村落中逐渐显现，而传统因素对传统村落的现代化发展起到了不可替代的作用。一般来看，“传统”对传统村落现代化发展的推动作用主要体现在三个方面（图 4–1）。

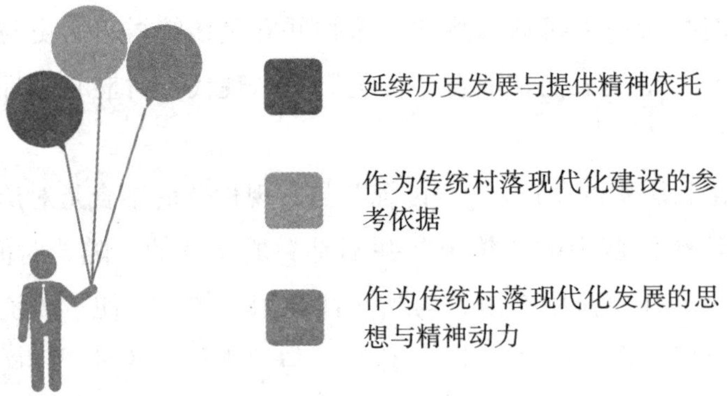

图 4–1　“传统”对传统村落现代化发展的推动作用

（一）延续历史发展与提供精神依托

“传统”是传统村落历史的延续，它为村民提供了精神依托。这种精神依托使当地村民更加珍视自己的家园，也更愿意为其做贡献。同时，

“传统”为传统村落的现代化发展提供了坚实的基础，使得传统村落在追求现代化的过程中不会失去自身个性和魅力。

传统村落的每一片砖瓦、每一条小路都见证了历史，承载着村民的生活智慧和文化记忆。这为传统村落创造了一个与众不同的身份，使其在时代的发展中有了独特的定位。“传统”确保了传统村落面对现代化的浪潮在继续前行的同时，仍能保持自身历史和文化的连续性。“传统”还是村民精神生活的重要支撑。这种力量不仅仅让村民有一种对家的归属感，更是为他们提供了面对现代生活压力和挑战时的精神依托。正因如此，无论外部世界怎样变化，村民都能在“传统”中找到自己的定位，找到一种力量去适应和创新。因此，“传统”在传统村落的现代化发展中起着至关重要的作用。它不仅能够确保传统村落在发展中不会迷失自己，更能够丰富传统村落的文化底蕴，增强其竞争力和魅力。

（二）作为传统村落现代化建设的参考依据

传统建筑、手工艺、传统农耕方式等都是传统村落历史发展中的瑰宝。在现代化建设中，这些传统元素可以作为参考依据，帮助传统村落找到一种与现代技术和管理相结合的发展方式，从而既保留“传统”的魅力，又满足现代生活的需求。

观察传统村落的建筑风格可以发现，其建筑不仅考虑了居住的实用性，还很好地顾及了区域气候与环境因素。例如，某些地区的房屋设计可以有效地利用风来调节室内温度，有些地方则利用特殊建筑结构收集雨水以供人们日常使用。这些传统建筑正是现代城市建设追求的绿色、环保的表现形式。除了建筑之外，传统村落中的手工艺也蕴含着丰富的知识和技艺。在现代设计中，这些传统手工艺为设计师提供了新的思路和灵感，使设计师能够创造出既有传统韵味又有现代风格的作品。传统农耕方式也给现代农业生产带来了诸多启示。传统农耕方式往往注重与自然的和谐共生，如循环农业、农田轮作等。在今天，面对土壤退化、生态失衡等问题，传统农耕方式为人们提供了设计解决方案的方向。由此可见，“传统”可以为传统村落的现代化建设提供一定的参考，使传统村落在现代化进程中保留自己的特色和魅力，更为自身现代化发展带来独特的资源和优势，进而使“传统”与“现代”融合。

（三）作为传统村落现代化发展的思想与精神动力

传统文化蕴含的哲学、价值观和生活态度为传统村落的现代化发展提供了思想和精神动力。它鼓励村民团结、创新，积极面对生活中的各种挑战，使得传统村落在追求现代化的过程中能够更加稳健、有序地发展。

传统文化蕴含的哲学思想往往是基于长时间的实践总结和思考，对人与自然、人与社会以及人与自我的关系的独特见解。这种哲学思想教导村民尊重自然，与自然和谐共生，与他人建立和谐的关系。当现代化发展中的挑战和困惑不断出现时，这种哲学思想为村民提供了一个明晰的视角，使他们能够正确面对和处理各种问题。传统的价值观和良好的生活态度更有利于引导村民的日常行为。它强调团结协作、勤奋努力、诚实守信，这种价值观促使村民在面对外界的各种诱惑和挑战时，始终坚持自己的原则，不为短暂的利益所动，确保了传统村落的可持续发展。值得一提的是，这种传统文化中的思想和精神不仅仅是对过去的回顾和怀念，更是对未来的期望和向往。它鼓励村民创新，不断探索，勇于尝试新的事物，但又不忘初心，始终保持对传统的敬畏和尊重。这确保了传统村落在追求现代化发展的过程中不会失去自己的特色和魅力。

三、积极协调“传统”与“现代”在传统村落保护中的现实矛盾

“传统”与“现代”在传统村落中并存虽然为传统村落注入了新的活力，但是也出现了一些现实矛盾。

（一）文化保护与经济发展的矛盾

保护传统村落需要保留历史文化的原貌。然而，为了满足现代化发展的需求和吸引游客，部分传统村落可能对传统建筑进行改造或重新装修，这有可能导致文化的失真，使文化保护与经济发展之间出现矛盾。可见，保持传统村落的真实性是发展传统村落必然要面临的一个重要问题。政府在保护与发展传统村落的过程中应正确处理好文化保护与经济发展之间的关系，在追求经济利益的同时，不能忽视文化价值的重要性。

（二）传统生活方式与现代需求的矛盾

当前，互联网等现代技术的引入给村民带来了前所未有的便利，使他们可以随时了解外界的信息、购物、与远方的亲朋好友交流等。这种便利性不仅丰富了他们的生活，还让他们开始对现代生活方式产生向往。但这种向往也可能导致他们逐渐忽视或放弃传统的生活方式，将传统的手工技能、农耕技巧等逐渐边缘化或遗忘。例如，当家中引入了现代化的农机设备时，传统的农具和与之相关的农耕技巧可能就不再被使用和传承。这种矛盾并不是简单的好与坏、正与负。现代化虽然为村民带来了便利和舒适，但同样对传统生活方式产生了冲击和挑战。解决这种矛盾的关键在于如何在珍视和传承“传统”的基础上，融合和吸收现代元素，形成一种既有传统韵味又能满足现代需求的生活方式。这需要传统村落的每一个村民都具备开放的视野和批判性的思维，以确保在迎接现代化的同时，不失去自己独特的文化身份和价值。

（三）传统价值观与现代观念的冲突

现代社会强调个性、创新和自由，而传统村落往往更重视集体和传统。当两者相遇时，可能会引发一系列的文化冲突。在传统村落中，一代又一代的人在同样的土地上耕作、生活，形成了一套深深植根于其土地和历史的价值观。其中，集体主义思想特别明显，每个成员都认为自己是村落的一部分，每一个行动都与整个集体息息相关。对于这样的群体，“传统”是他们生活的重要组成部分，这不仅维系了他们之间的关系，还在很大程度上确立了他们在传统村落中的地位和角色。然而，现代社会的进步伴随着新的价值观的形成。现代思潮更为强调个性的发展、自我实现和对传统的挑战。创新和自由成了时代的标签。在这样的背景下，当村民接触到现代观念时，他们不可避免地会受到影响，并可能对此产生强烈的向往。这种向往并不仅仅是对物质的追求，更多的是对新生活方式、新思维方式的渴望。但这也意味着传统价值观可能会受到挑战。在某些情况下，这种挑战甚至可能导致一些传统习俗和技能的消失。传统村落中的年青一代可能更容易受到现代观念的影响，老一代的村民可能更加坚持传统，这种代沟可能会加剧传统村落内部的矛盾和冲突。因此，对于村民，特别是年青一代，政府要加强引导和教育，以增进他们对传统文化的理解，同时为他们提供接触现代观念的机会，帮助他们理解传统价值观和现代观念的价值和意义，找到二者之间的平衡点。

第三节　积极应对保护机遇

一、积极应对旅游业的快速发展机遇

传统村落的价值不仅在于其古老的建筑和美丽的风景，更重要的是其承载的文化和历史信息。这种深厚的文化底蕴正是现代旅游业追求的。因此，与其简单地将传统村落作为一个旅游景点来展示，不如更深入地挖掘其文化价值，为游客提供真实、深入的文化体验。这一目标的实现要从以下几个方面入手。

（一）开发参与式旅游

参与式旅游的核心思想在于让游客不再是旁观者，而是参与者。传统村落的日常生活、习俗、工作和娱乐都可以成为游客体验的内容。例如，游客可以参与农田里的劳作，体验收割稻谷、种植蔬菜的过程，或是加入当地的节庆活动中，与村民共同庆祝，深入了解当地的风俗习惯。又如，游客可以参与到手工艺品制作活动中，学到技能，了解手工艺品制作背后承载的文化和历史信息。更为重要的是，参与式旅游鼓励游客与当地村民进行真诚的交流。这不仅是一种语言交流，更是一种文化和心灵的碰撞。通过与村民共同生活、工作，游客可以更为真实地了解他们的生活方式、价值观和世界观。这样的交流往往能够带给游客更深刻的体验，使他们真正感受到当地的文化魅力。当然，开发参与式旅游也需要村落对自身的文化有深入的了解。只有村民真正为自己的文化感到自豪，才能真诚地与游客分享，让他们感受到这种文化的魅力。

（二）合理的开发规划

为应对旅游业的快速发展，政府首要的任务是确保旅游业的兴起不对传统村落的生态环境产生过大压力，对传统村落进行合理的开发规划。首先，政府要限制参观传统村落的人数，设置合适的接待容量，避免在高峰期出现超负荷运营现象。其次，政府要重视环境保护措施的制定，如垃圾分类、废物处理等，确保传统村落的生态环境在吸引游客的同时不会受到破坏。最后，政府要做好传统村落文化的保护工作。对于传统村落中的传统建筑、古迹和文化活动，政府要确保其在旅游业的发展中不受到削弱或改变；对于那些可能成为游客焦点的地方，政府要适当进行修缮和维护，但应保持其原有的特色和风格。

二、积极应对文化遗产保护的国际合作机遇

随着全球对文化遗产保护意识的不断增强，传统村落正站在一个前所未有的历史节点，面临着文化遗产保护的国际合作机遇。近些年，多项国际公约和协议，如《保护世界文化和自然遗产公约》，都强调对文化遗产的保护。传统村落作为重要的文化遗产，受到越来越多国家和国际组织的关注。很多国际组织和发达国家设立了专门的基金，为文化遗产的保护提供资金支持。同时，一些先进技术（如三维扫描等）也被引入，帮助传统村落进行更精细、科学的保护。

对此，我国要积极与国际伙伴开展合作。国际伙伴，尤其是一些发达国家和地区，往往拥有丰富的资金和先进的技术，可能已经在某些特定的遗产保护领域取得了显著的成果。通过与国际伙伴的合作，我国不仅能为遗产保护提供必要的物质基础，更能引进一些被证明有效的技术和方法，使得保护工作更专业。除此之外，先进的理念和方法同样是这种合作中的珍贵收获。遗产保护不仅仅是物质的保存，更涉及文化、历史、社会等多个维度。国际合作为我国打开了一个全新的视角，让我国

能够从不同的文化和背景中汲取经验，思考文化遗产的价值。再者，当某一文化遗产地通过与国际伙伴的合作得到修复后，它的价值和影响力不再局限于本国。因此，我国应采取必要的措施积极与国际伙伴合作，增强国际文化交流。

三、积极应对现代技术的应用机遇

随着现代社会的发展，特别是科学技术的进步，传统村落开始面临现代技术应用的挑战与机遇。现代技术在许多领域都对传统村落产生了深远的影响。例如，在农业生产中，现代化的农机和生物技术使得农作物的产量大大提高，但也对传统的种植方式和农业生态产生了影响。又如，建筑技术的进步使得许多传统的手工技艺逐渐被机械化的生产方式取代，这导致一些传统工艺的消失。通信技术的飞速发展，尤其是互联网的普及，也给传统村落带来了挑战与机遇。一方面，网络技术使得村民能够更容易地获取外界的信息和知识，这无疑开阔了他们的视野，增强了他们与外界的交流。另一方面，过度依赖网络通信可能会削弱村民间的交往，进而影响到传统村落的凝聚力。现代技术还为传统村落的文化保护与传承提供了新的可能性。数字技术可以用于对传统文化遗产进行数字化保存。比如，相关部门可以利用数字化技术将古老的文献、艺术品和音乐保存在云端，使之不受时间和空间的限制，从而被更多人了解和欣赏。需要注意的是，利用现代技术并不意味着要摒弃传统的保护方法；现代技术的使用可能对环境和社会产生一定的影响，要考虑其长远的影响，并努力找到一个和谐的平衡点。

第五章　传统村落的保护与发展内容

第一节　传统村落中传统建筑和空间形态的保护与发展

一、传统建筑的保护与发展

（一）传统建筑的保护模式

传统建筑的保护模式主要有原地保护模式、整体保护模式、易地保护模式、数字化保护模式（图 5-1），下面就对这些保护模式进行详细说明。

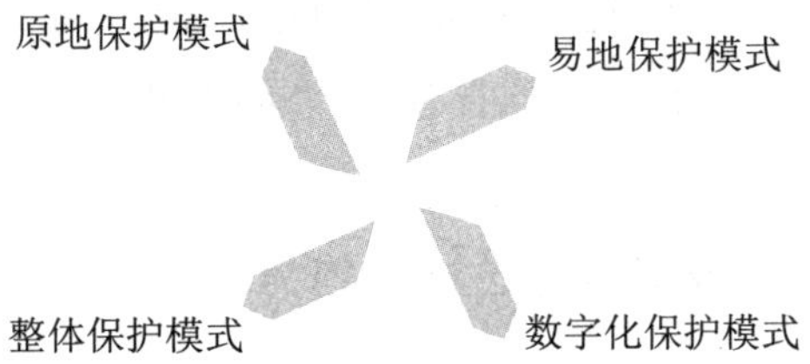

图 5-1　传统建筑的保护模式

1.原地保护模式

原地保护模式主要用于那些带有明显环境特征的传统建筑。这类建筑具有独特的历史价值，如果对其随意移动或搬迁会破坏其原有的历史价值，因此实施原地保护模式更为适宜。比如，江苏苏州雕花大楼、山西祁县渠家大院等就采取了原地保护模式最大限度地保护实物的原状和历史文化信息。

2.整体保护模式

整体保护模式是根据环境特点，对传统建筑进行的一种整体性、系统性保护模式。这种保护模式一般适用于保存较完整的传统建筑。整体保护模式要求保护传统建筑的原生态，保护其历史文化的完整性。

整体保护模式的优点在于通过对传统建筑的完整保护展现出传统建筑的历史价值、文化价值、科学价值，让人们在宏观层面感受传统建筑的独特魅力。整体保护模式为传统建筑提供了新的发展路径和价值传播渠道，如与旅游开发相结合的整体保护能有效促进传统建筑文化的多元传播。

3.易地保护模式

易地保护模式是将传统建筑从原地整体移到其他地方的一种保护模式。这种保护模式一般适用于两种情况。第一，某些具有历史价值、艺术价值和科学价值的传统建筑在原地保护较为困难，且具备一定的搬移条件，可以完整地搬移至博物馆保护。需要注意的是，这种搬移应是整体搬移，而不应带有任何“创造性”或“美化”。比如，王家大院、常家庄园等都是采取这种保护模式。第二，传统民居的周边环境已遭到破坏，或者当地已被规划为其他项目，因而传统民居必须进行易地搬迁。

易地搬迁主要有两种方式：一是将原部件拆卸，然后在其他地方复原，如潜口古民居群就是将分散在当地的皖南民居部件拆卸后进行的复原；二是按原型在其他地方重建，如云南民族村、中华民俗村都属于这种类型。

易地保护模式可以将分散在多处的传统建筑进行有机整合，使其组成一个相对完整的保护区域。相关部门在整合时可以根据原建筑的特点进行复原或局部更新，传承和发扬其文化价值。当然，采取这一保护模式，相关部门还应依据《中华人民共和国文物保护法》及其他法律法规，保证建筑的完整性和原真性。

4. 数字化保护模式

数字化保护模式是采取数据记录的方式，通过现代信息技术实施的一种全新的保护模式。这种保护模式适用于濒危建筑，其不受时空的限制，能够很好地保存传统建筑历史、文化等信息，是其他传统建筑保护模式的重要补充。而且，在传统建筑的保护过程中，利用数字化技术展示传统建筑的建造技术，能够更为直观地展现建筑修复、复原过程，符合当今信息化时代的要求。

数字化保护模式的优势在于可以对传统建筑及建筑群开展多种保护模式的评估，有效避免对古建筑的破坏，具有较强的应用价值和潜力。

（二）传统建筑的保护与发展措施

传统建筑是传统村落地域文化特征的直接体现，是传统村落产生与发展的历史见证。要想更好地保护与发展传统村落，最先做的就是对传统建筑进行分级保护。相关部门需要对传统村落中的每一幢建筑进行综合评价，确定其建造年代、保存质量等，并据此采取相应的保护措施。根据建筑分级保护的基本要求，传统建筑的保护措施主要包括改善修复、整修、拆除、日常保修、防护加固、现状修整、重点修复、环境治理等，如表 5-1 所示。

表 5-1　传统村落中建筑的保护措施

措　施	具体做法
改善修复	改善修复是针对历史建筑进行的不改变外观特征，调整、完善内部布局及设施的修复活动。以改善修复为主的建筑虽有一定程度的损坏，但基本保持着原貌
整修	整修是对那些与传统风貌有着一定冲突的建筑物进行的改建活动。一般传统村落中需要整修的建筑多为近些年建造的，它们在材料、空间上与传统村落的风貌并不完全吻合，需要在外观上进行适当的调整
拆除	在传统村落中，拆除对象一般多为近年建造的、与整体风貌有较大冲突的建筑
日常保修	这是一种及时化解外力侵害可能造成损伤的预防性措施。相关部门需要对传统村落中存在安全隐患的部分建筑进行连续检测，记录存档，并按照有关的规范进行修复
防护加固	防护加固主要是针对建筑损伤而实施的一种加固措施。相关部门对传统村落采取的任何保护措施都不能对原有建筑造成损伤，并要尽可能不破坏原有的环境特征
现状修整	现状修整是指在不改变原有结构、不增加新构件、基本保持现状的前提下进行的一般性修整。比如，归整坍塌、错乱的建筑构件，修补少量残损但有价值的近期添加物，等等。相关部门在修整传统建筑的过程中还应注意对清除、补配的物件保留详细的记录
重点修复	这种措施是对原有建筑干预最多的重大工程措施，主要措施有恢复结构的稳定状态、增加必要的加固结构、修补损坏的构件、添配缺失的部件等。相关部门在对传统村落中的建筑进行修复时，要谨慎使用全部解体修复的方法，经过解体后修复的结构也应当清除全部隐患，保证较长时间内不再进行修缮。重点修复应当尽量多保存各个时期有价值的痕迹，恢复的部分也应以现存实物为依据

续　表

措　施	具体做法
环境治理	环境整治是为防止外力损伤，展示文物原状，保障合理利用的一种综合措施。其主要做法有清除可能引起灾害和有损景观的建筑杂物，禁止可能影响文物安全的生产及社会活动，防止环境污染造成文物的损伤，配备为公众服务及保障安全的设施。服务性建筑应远离文物主题，展示、游览设施应统一设计安置。绿化应尽可能恢复原有状态，避免使用现代园林的手法，并防止因绿化而损害文物

从整体看，由于传统建筑质量不一，其分类保护标准、保护原则、材料选择等不尽相同。政府需要先对传统建筑的质量状况做出准确的判断，并在此基础上采取与之对应的保护措施。

保护传统建筑只是第一步，为促进传统村落的可持续发展，政府还应深入挖掘传统建筑的文化内涵，注重传统建筑文化的传承与发展。人们在建造传统建筑之初往往会遵循“天人合一”“重情知礼”的文化理念，这也是传统建筑能够呈现出鲜明特征的主要原因之一。受这种文化理念的影响，传统建筑主要具有以下两个重要特征。第一，对称。对称是传统村落中传统建筑的特点之一，人们可以从许多传统建筑上找到平面、直线与点等对称元素。结构对称的传统建筑不仅体现出了古人的建造智慧，还给人一种美的享受。比如，闽南传统村落中的官式建筑、关中地区传统村落中的四合院建筑等都具有对称的特点。第二，和谐。在传统建筑结构与空间的设计中，图案和装饰性材料的运用体现出了和谐的文化理念。当然，不同传统村落建筑文化的产生、演变与发展的方式并不完全相同，因此不同村落的建筑文化也存在一定的差异，这种差异是在长期的发展过程中逐渐形成的，并承载着特定地区居民共同的思想观念。这就要求人们不仅将传统村落中的传统建筑看作一种文化的载体，还应深入挖掘传统建筑中蕴含的传统文化，并找出发展传统建筑文化的“基因”，从而丰富传统建筑的文化内涵，彰显传统村落的独特魅力。

二、空间形态的保护与发展

传统村落的空间形态一般可以分为点状空间、线状空间和面状空间三种。

点状空间与传统村落的空间节点相对应，通常具有一定的功能属性，如引导、标识等。传统村落的点状空间主要包括入口空间、标识空间、节点空间。其中，入口空间是传统村落内部空间与外部空间的重要节点，是整个村落的起始点。标识空间多以建筑物、构筑物或高大树木为标识，如牌坊、石碑等。节点空间是村落中重要的公共空间，有的形成一个小广场，甚至成为村落的中心。节点空间不但控制着整个村落内部空间结构的组织秩序，而且对居住者的聚居行为产生着影响。

线状空间主要与传统村落中的街巷相对应，从形态上看，它具有一定的广延性，能够将居民一系列的生产与生活活动串联起来。不同空间形态的传统村落有着不同的线状空间。比如，在集聚型传统村落中，巷道空间作为其基本骨架，是对外联系、交往互动的主要场所；在分散型传统村落中，道路空间是其基本骨架，由于受地形的影响，可能会呈现出相对自由、灵活多变的特征。

面状空间是指传统村落中具有一定功能的公共空间，如广场、公园等。实际上，传统村落自身无法形成大型的公共空间，大多数公共空间是随着村民生活条件的改善而逐渐形成的。

当然，这种划分方式也不是绝对不变的，因为传统村落目前仍处于不断发展变化之中，很多内部空间的功能相互交织、紧密结合，共同构成了传统村落极为丰富的文化内涵。

（一）传统村落空间形态的保护原则

传统村落空间形态的保护原则如图 5–2 所示。

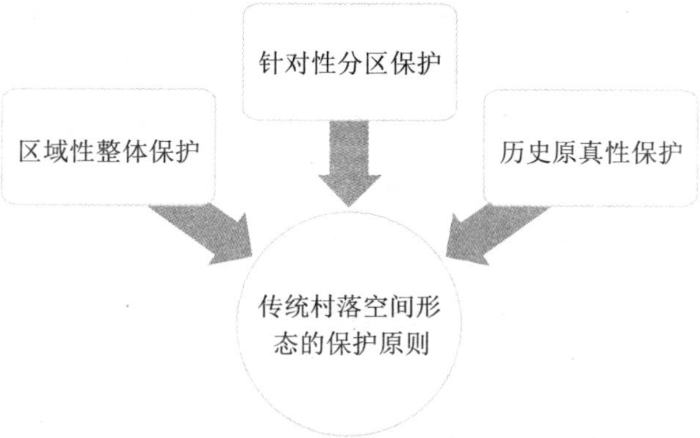

图 5-2　传统村落空间形态的保护原则

1. 区域性整体保护

聚集性是传统村落空间形态的主要特点之一，许多传统村落是成片分布于道路或河流的附近，村落之间存在商贸、文化上的交流与互动。因此，为了更好地对传统村落空间形态进行保护，政府可以对传统村落实施区域性整体保护。比如，广西壮族自治区桂林市龙胜各族自治县龙脊十三寨便是由毛呈寨、廖家寨、平寨、马海寨等二十多个村寨组成的聚居区，其房屋多建在山岭的陡坡上，并依次辟坡而建，多为独家而立，或两家连为一体，鳞次栉比，檐柱相对。这种方式打破了村落的独立性，进一步促进了村落间的协调发展，还能够带给人们一定的保护启示，如整体统筹、全面规划。

2. 针对性分区保护

由于大多数的传统村落中仍有村民居住，为了满足村民的正常生产与生活需要，方便保护工作的开展，政府需要遵循针对性分区保护的原则，对传统村落空间形态实施保护。一般情况下，传统村落保护区域可以分为核心保护区、建设控制区和风貌协调区（表 5-2）。对于核心保护区，政府应该严格保护传统村落空间形态的原真性，维护传统村落风貌的完整性，并确保核心保护区范围内的空间格局不受破坏。对于建设控制区和风貌协调区，政府可适当放宽保护要求，允许适当的建设活动或开发行为，但要保证不影响核心保护区的空间形态。具体的保护方法应针对不同的对象而有所差异。政府可根据实际情况，采取物质文化形态与非物质文化形态相结合，点、线、面保护相结合等措施。

表 5-2　传统村落保护区域划分

分　区	含　义
核心保护区	核心保护区是传统村落保护的重点，主要包括传统村落的空间形态、水体体系、传统建筑及具有地方特色的人文景观和民俗风情
建设控制区	建设控制区是重点保护单位的主要缓冲地带，它承载着传统村落发展需要而又不宜在村落内建设的项目
风貌协调区	风貌协调区主要为传统村落外围的环境构成要素，如山体植被、农田、其他村庄等，它是传统村落赖以生存与发展的基础

3. 历史原真性保护

历史原真性保护原则要求严格保护传统村落的原生地形、山体自然轮廓与景观视线通廊等。传统村落中的街巷是村落空间形态的重要组成部分，因此政府应严格保护传统村落的街巷空间格局，保持街巷原有走向与尺度，不允许随意拓宽、延伸。同时，对已破坏的街巷，政府要用原有材料修补路面至与原来一致，并恢复街巷尺度和空间界面。政府还应保护传统街巷的地面铺装、街道小品、周边的自然环境和重要空间节点，并对不协调的元素进行改造，在不破坏传统空间格局、保持自然形态的前提下修建新道路。

（二）传统村落空间形态的发展策略

1. 生活空间的发展策略

传统村落中的生活空间主要是指村民进行日常生活、生产、交往和文化活动的空间。这些空间通常融入了历史、文化因素，具有浓厚的地域特色和文化内涵。在传统村落中，生活空间主要包括住宅区、公共广场、交通道路等。其中，住宅区是村民的居住场所，包括各种类型的传统民居，如中式四合院、南方的水乡民居等。这些住宅不仅具有实用功能，还体现出了当地的建筑风格和文化传统。公共广场通常是传统村落中的一个开放空地，供村民集会、娱乐。它是一个无固定用途的多功能空间，可以根据需要进行不同的活动。交通道路包括传统村落的主要街道、小巷和桥梁。这些道路不仅是村民出行的必经之路，也是传统村落的生命线，承载着传统村落的交通和社交功能。

为更好地促进传统村落中生活空间的发展，相关部门应对传统村落的原始建筑和空间布局进行调查和记录。对古老且具有历史价值的建筑，相关部门应予以保护和修复。在修复时，相关部门要避免使用与原建筑风格不符的材料和技术，确保修复后的建筑仍然保持原有的风格和特色。对于交通道路，在保护和修复时，相关部门要确保道路的平整性和连通性，同时避免过度扩建或修改。古老的石板路、古桥和其他历史遗迹应当在保护的基础上，加强维护，保障其安全性和使用性。需要注意的是，在保护和修复传统村落的生活空间时，相关部门更应注重与村民的沟通和合作。因为传统村落是村民的家，他们对传统村落有着深厚的情感。只有充分尊重和满足村民的需求，才能确保传统村落的生活空间得到真正的保护和发展。

2. 生产空间的发展策略

由于传统村落多以农业生产为主，因此传统村落在空间功能上与一般城市相比更为丰富。多数传统村落的生产空间主要是为了满足农业生产的需求，如畜牧养殖。由于各地生活习惯、社会习俗与居住环境各不相同，各地的空间形式及具体使用方式也不尽相同。传统村落的生产空间并不局限于农田、鱼塘等专门生产的场所，如有些传统村落中的村民喜欢在家中饲养少量家禽，因此其院落空间也是一种生产空间。

为促进传统村落中生产空间的发展，政府可以根据传统村落中生产空间的特点，发展特色产业，充分利用展示平台，让传统村落文化融入产业活动、村民生产空间中，附加在自然环境、物质产品上，以传承和保护传统村落文化。

第二节　传统村落中非物质文化遗产的保护与发展

一、非物质文化遗产概述

（一）非物质文化遗产的概念

非物质文化遗产是指那些无形的、传统的、代代相传并不断创新的文化表现形式。它们是人类文化遗产的重要组成部分，反映了人类的创造力、智慧和文化多样性。非物质文化遗产不同于有形的文化遗产（如古建筑、文物、遗址等），它们主要存在于人们的日常生活、实践和记忆中。与物质文化遗产相比，非物质文化遗产的核心是其精神特质，它是某一个民族或族群经过长期的生活实践总结和流传下来的，包含智慧、情感、价值观、文化信仰等精神特质，是人类文明的宝贵结晶。

（二）非物质文化遗产的种类

根据不同的划分标准，非物质文化遗产可分为多种不同的类型。根据联合国教科文组织颁布的《保护非物质文化遗产公约》，非物质文化遗产主要分为口头传统和表现形式，表演艺术，传统手工艺，社会实践、仪式、节庆活动，有关自然界和宇宙的知识和实践五种类型（图 5-3）。

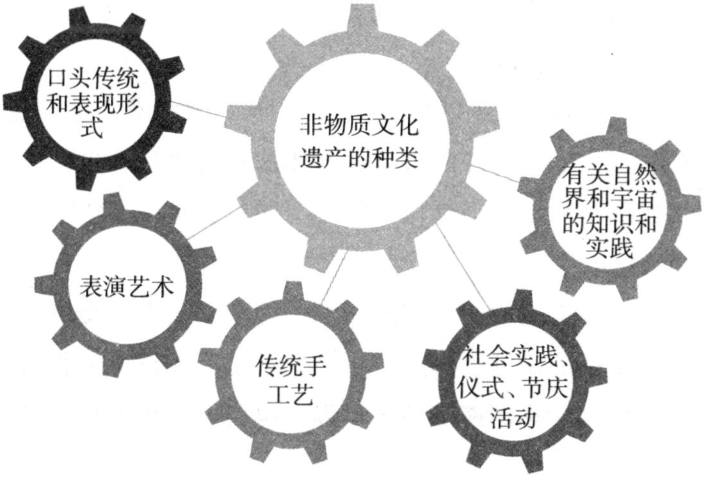

图 5-3　非物质文化遗产的种类

1. 口头传统和表现形式

口头传统和表现形式主要包括神话、传说、故事、谚语、谜语和歌曲等。这些都是不同国家和民族在长时间的历史进程中，对自然、社会和人生的理解和感悟的表达。它们往往以口口相传的方式，由这一代传给下一代，是每个国家和民族的独特标识。神话和传说往往充满了想象力和创造力，它们既是对未知的探索，也是对已知的反思。故事、谚语和谜语则更多地反映了人们的日常生活和社会关系，它们以简洁、幽默或寓意深刻的方式传达了人们对生活的态度和价值观。歌曲则是口头传统和表现形式的另一重要组成部分。无论是欢快的民谣，还是悠扬的古调，它们都是人们情感的表达和共鸣。歌曲不仅仅是音乐和词汇的结合，更是文化、历史和情感的交融。

2. 表演艺术

表演艺术包括舞蹈、音乐、戏剧、杂技和曲艺等多种形式。每一种形式都有其独特的表现手法和审美标准，它们既是文化和历史的产物，也是文化和历史的创造者。

舞蹈是通过身体的动作和节奏来表达情感的艺术，是人们对生活、自然、社会的直接反应。其既可以是个体的自我表达，也可以是集体的情感共鸣。舞蹈中的每一个动作、每一个转身、每一个跳跃都蕴含着深厚的文化和情感价值。

音乐是通过声音来传达情感的艺术。无论是宏大的交响乐、激昂的打击乐，还是柔情的民歌、悠扬的古琴，都是人类情感的直接表达。它可以带领人们进入一个深邃的精神世界，也可以引导人们感受生活的喜怒哀乐。

戏剧是通过角色、情节和对话来展现人类生活的艺术。它既可以是现实的写照，也可以是想象的创作。戏剧中的每一个角色、每一个情节、每一句对话都反映了人们对生活、人性、社会的理解和探索。

杂技和曲艺是通过技巧来娱乐和教育观众的艺术。它们既可以是纯粹的娱乐，也可以是深刻的社会批判。无论是高难度的杂技表演，还是幽默的曲艺，它们都为人们提供了一个放松和思考的空间。

3. 传统手工艺

传统手工艺指的是在长时间的历史进程中，由一代代人传承下来的、以手工劳动为制作方式、具有某一地区或民族特色的工艺及相关产品。其往往融合了当地的文化、历史、习俗和信仰，不仅是生产技术，更是文化遗产的重要组成部分。传统手工艺的特点主要包括以下几点。

第一，历史性。传统手工艺往往有着数百年甚至数千年的历史，代表着一个地区或民族长时间的文化积累。每一种手工艺都有时间的痕迹，其在漫长的历史进程中不断地被创造、完善和传承。这种深厚的历史背景使得传统手工艺不仅仅是一种生产或制作方法，更是一个地区或民族的文化和历史的重要载体。了解某一传统手工艺，实际上是在回溯一个地区或民族的历史脉络。其与当时的社会背景、经济条件和技术水平密切相关，是历史的真实写照，反映了人们在不同历史时期的生活方式、审美观念和社会价值。尽管历经风雨，传统手工艺仍然得以传承并延续至今。其成了连接过去与现在的纽带，为现代人提供了一个了解和体验历史的窗口。

第二，地域性。每个地区或民族都有独特的传统手工艺，这些传统手工艺往往与当地的自然资源、文化背景等紧密相关。自然资源为传统手工艺的形成提供了重要的物质基础。例如，某地丰富的竹资源可能催生出一系列与竹相关的手工艺，如编织、雕刻等；某些地区特有的矿石或宝石则可能孕育出独特的雕刻或首饰制作技艺。这些技艺不仅仅是对资源的利用，更是对自然的敬畏和赞美。此外，每个地区或民族都有其独特的历史、信仰、习俗和传说，这些文化元素为人们提供了丰富的创作灵感。传统手工艺的图案、色彩和形态往往具有某种文化或宗教的象征意义，它们是对过去的回忆，也是对未来的期许。传统手工艺的这一特性使其成了一个地区或民族的独特标识。

第三，传承性。传统手工艺往往采用师徒制的传承方式。在这种方式下，师傅通过口口相传、示范，将技艺的精髓和灵魂传递给徒弟，徒弟则在师傅的指导下，逐渐掌握技艺，形成自己的风格和理念，并为将来的传承做好准备。

第四，创新性。尽管传统手工艺有着悠久的历史，但其并不是僵化不变的。在传承的过程中，每一代人都会根据当时的需求和条件，对手工艺进行一定的创新和改进。

4. 社会实践、仪式、节庆活动

社会实践通常是指个人或集体在社会生活中的各种行为和活动。这些行为和活动会受个人价值观和个人所处环境的影响，其背后具有一定的意义。

仪式和节庆活动是各个国家和民族对重要时刻、事件的标记与庆祝。它们不仅仅是简单的活动和表演，更是对生命、自然、社会和宇宙的敬畏与感悟。仪式是对某一时刻的庄重标记。其往往伴随着一系列固定的程序、动作和语言，旨在强调这一时刻的重要性和神圣性。例如，成年礼、婚礼等都是人生中的重要转折点，象征着个体的成长和变化。通过仪式，人们得以在这些重要时刻停下来，回顾过去，展望未来，与家人、朋友共同分享和见证自己的重要时刻。节庆活动则是对某一特定事件的庆祝和纪念。它们往往与自然、农耕和宗教有关，旨在感谢、祈祷和庆祝。例如，春节、中秋节、丰收节等是与季节、农耕和自然有关的节庆。通过这些节庆活动，人们得以与自然和宇宙建立联系，感受生命的律动和节奏，与家人、朋友共同庆祝和分享。总而言之，仪式和节庆活动不仅仅是形式和程序，更是情感和文化的载体。它们为人们提供了一个共同的平台，让他们共同回忆、共同庆祝、共同祈祷。它们既是对过去的纪念，也是对未来的期望。

5. 有关自然界和宇宙的知识和实践

有关自然界和宇宙的知识和实践通常嵌入在某一特定社群或文化中，具有深厚的历史背景和丰富的文化内涵。这类知识和实践通常涉及对自然现象的观察、解释与应用，如农耕、渔猎、草药、天文气象等。它们不仅是一种知识，更是一种与自然界和宇宙互动的方式，体现着人们在不同文化和历史背景下与自然环境和宇宙的和谐共生。比如，古时候，农民会根据天文气象来确定播种和收割的最佳时机，这些知识经过多代传承，以口耳相传的方式被保存下来。这类非物质文化遗产不仅有助于维护生态平衡，也可以为现代科学解释提供珍贵的参考资料。然而，随着现代化进程的加快，这些传统知识和实践面临着被淡化或遗失的风险。因此，如何在尊重和保护这些非物质文化遗产的同时，使其能够适应现代社会的需求，是一项值得深入研究的课题。

二、非物质文化遗产保护的意义

（一）有利于保留与传承文化记忆

文化记忆是一个民族或社群对其历史、传统和价值观的集体回忆，它为人们提供了一个理解自己和他人的框架，也是人们身份认同和情感寄托的基石。

非物质文化遗产是文化记忆的直接载体，反映了一个民族或社群对生命、自然、社会和宇宙的理解和感悟。保护非物质文化遗产，意味着保护人们的文化记忆。在现代社会，随着科技的发展，许多传统手工艺面临着失传的风险。如果失去了这些遗产，人们也就失去了与过去、文化、情感的连接，失去了对生命、自然、社会和宇宙的理解与感悟。因此，相关部门需要加强对非物质文化遗产的研究和记录，确保这些遗产得到详细和准确的记录，同时加强对非物质文化遗产的宣传，提高公众对其价值和意义的认识，为有效保护和传承非物质文化遗产贡献力量。

（二）有利于维护人类文化多样性

非物质文化遗产是各个国家和民族的独特标识，其承载了世代相传的知识、技能、仪式和生活方式等，反映了各个国家和民族的历史和文化。每一种非物质文化遗产都是人类文化宝库中的一颗璀璨明珠，使人类文化具有了多样性。

在经济全球化的背景下，各种文化交流、融合和冲突日益加剧。一方面，经济全球化为各个民族和社群提供了一个与外界交流和学习的机会，促进了文化的传播和发展。另一方面，经济全球化带来了文化同质化的风险，许多独特的非物质文化遗产面临着消失的危险。如果人们失去了这些遗产，也就失去了人类文化的多样性。

保护非物质文化遗产，就是保护人类文化的多样性。这不仅可以为人们提供一个丰富的文化资源，还可以为人们提供一个多元化的世界观和价值观。

三、非物质文化遗产的保护模式

一般来说，传统村落中非物质文化遗产的保护模式有生产性保护模式、整体性保护模式、抢救性保护模式、传承性保护模式等（图 5-4）。

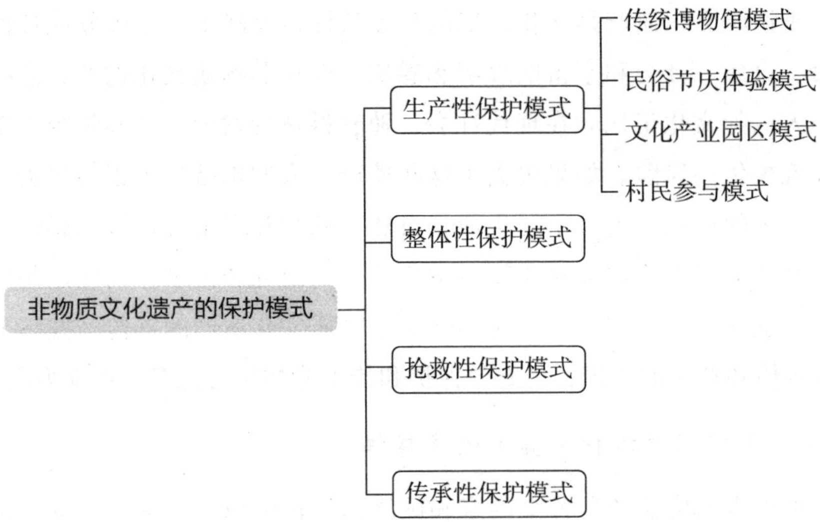

图 5-4　非物质文化遗产的保护模式

（一）生产性保护模式

生产性保护模式是指在不影响非物质文化遗产发展方向的前提下，将其与旅游开发等项目结合，获取一定经济效益的保护模式。需要注意的是，它的主要目标并不是获得经济效益，而是重在保护非物质文化遗产，以保持非物质文化遗产的真实性、整体性和传承性为核心。非物质文化遗产与旅游开发项目相结合的生产性保护模式包括传统博物馆模式、民俗节庆体验模式、文化产业园区模式、村落居民参与模式等。

1.传统博物馆模式

博物馆是一种专业的文化遗产保护机构，传统博物馆模式主要以展示非物质文化遗产形成过程的方式保护非物质文化遗产，展示方式包括文字图片、数字资源、影音材料、实物等。该模式有利于将传统村落中的非物质文化遗产真实地呈现出来，从而使传统村落成为可供人们参观、学习的重要场所。

虽然当下传统博物馆的优势仍集中在藏品的收集和展品的陈列方面，但非物质文化遗产与物质文化遗产不同，博物馆要参与到非物质文化遗产的保护中，就应该根据这类文化遗产的特征，以创新思维来满足非物质文化遗产的保护与展示要求，把非物质文化遗产的陈列从“物”的范畴提升到文化的范畴，这不仅有助于展示非物质文化遗产，还能使人们真正感受到非物质文化遗产的独特性和内涵。

2.民俗节庆体验模式

民俗节庆体验模式主要依托非物质文化遗产的产生场所，通过举办与非物质文化遗产相关的体验活动来实现对非物质文化遗产的保护。该模式能够生动形象地展现非物质文化遗产的内涵，能够很好地展现非物质文化遗产的价值。

3.文化产业园区模式

文化产业园区作为文化产业集群的一种表现形式，在非物质文化遗产保护过程中起到了积极的作用。文产业园区是一个有机的整体，政府可以针对不同的非物质文化遗产的特点，在园区内划分出不同的文化单元，采取有针对性的保护措施，促进非物质文化遗产的可持续发展。

4.村民参与模式

村民参与模式主要是发挥村民的主人翁意识，让村民参与到非物质文化遗产的保护工作中，增强村民对非物质文化遗产的保护意识，进而形成具有特色的村落保护模式。在村民参与模式下，村民对非物质文化遗产带来的利益具有较强的认同感，并能共同寻求合理保护非物质文化遗产的方式，最大限度地发挥非物质文化遗产的价值。

（二）整体性保护模式

整体性保护模式强调将非物质文化遗产置于所处的文化生态环境中进行保护，采取全方位、立体化、多层次的保护措施，而不是孤立的项目保护。政府只有坚持这一保护模式，才能科学保护非物质文化遗产。

整体性保护模式就是要将影响文化产生与发展的各种要素置于其生存发展的环境中，实施综合性保护。为更好地保护传统村落中的非物质文化遗产，政府有必要关注非物质文化遗产项目的组成要素和生存空间。而建设文化生态保护区是我国为实现非物质文化遗产的整体性保护，对特定区域内的非物质文化遗产及其赖以生存、发展的自然环境、经济环境和社会组织环境进行综合性保护的实践。文化生态保护区对非物质文化遗产的保护具有十分重要的作用，它最大的意义在于能够在原生状态下以灵活的方式对非物质文化遗产进行全面展示。文化生态保护区能够将分散的非物质文化遗产资源整合为一个有机的整体，保持其真实性。比如，闽南文化生态保护区、热贡文化生态保护区、羌族文化生态保护区等都是我国对非物质文化遗产的整体性保护探索。

传统村落的非物质文化遗产不仅是人民群众的智慧结晶，还是时代发展的见证。它们大部分随着社会历史的发展而传承至今，并在当下呈现出新的生机与活力。因此，传统村落中的非物质文化遗产兼具“历史”与“当下”的两重性。存在于当代的非物质文化遗产是其与当下文化生态环境相互适应的结果，保护传统村落中的非物质文化遗产并不是指将其完全恢复至历史原貌，而是要正视文化生态环境发生的各种变化，努力使文化生态环境得到科学的改善与优化，使包含非物质文化遗产在内的文化整体得到延续与发展。因此，整体性保护是立足现实，从实际出发，使传统村落中的非物质文化遗产更好地传承下来，焕发新的生机。

对传统村落中的非物质文化遗产实施整体性保护模式要求做到以下几点：一是要建立县、镇（乡）、村三级保护体系，实施三级联动机制，完善挖掘、搜集、整理、评估与认定的工作流程；二是建立传统村落非物质文化遗产保护的专家咨询机制，为保护区的建设、维护等提供咨询和指导工作；三是调动社会各方力量，鼓励社会民众、高等院校、学术研究机构、企事业单位及各社会组织积极参与到传统村落非物质文化遗产保护工作中。

（三）抢救性保护模式

抢救性保护模式是指通过调查、采集、整理等方式，记录、保存和抢救濒临灭绝的或因传承方式不适应现代社会而难以继续传承和发展的非物质文化遗产的一种模式。抢救性保护的措施主要包括普查非物质文化遗产资源、完善非物质文化遗产名录及传承人名录、建立非物质文化遗产及其传承人档案等，这些工作都能够为非物质文化遗产的传承与发展打下良好的基础。

传统村落中的非物质文化遗产具有天然的地域性和民族性，其中濒危的非物质文化遗产基本是在村民生产生活实践的基础上发展形成的，同样具有地域性与民族性。所以，在对传统村落中的濒危非物质文化遗产进行抢救性保护时，政府要考虑其类型和特征，采取针对性的保护策略。比如，贵州省黔东南苗族侗族自治州雷山县南猛村作为芦笙之乡，其传统习俗、手工艺等濒危的非物质文化遗产都与芦笙艺术有着密切联系，因此对该村非物质文化遗产保护的重中之重就是对芦笙文化的保护。又如，贵州省黔东南苗族侗族自治州施秉县新桥村仍有许多沿用的具有历史意义的地名，这些地名是对新桥村特定时期或者发展历程的纪念，具有浓郁的地方特色。对于这类非物质文化遗产，政府可以运用文字、录音、录像等手段真实、系统和全面地记录，建立档案和数据库。总之，对于不同传统村落中需要实施抢救性保护的非物质文化遗产，政府要依托非物质文化遗产中独特的文化价值，营造支持其生存与发展的活动场所，保留和发展其地方特色。

（四）传承性保护模式

传承性保护模式主要针对当代社会中存在状况较好、操作性较强的非物质文化遗产项目，通过认定传承人，资助其开展授徒、传艺、交流等活动培养新的传承人，并依托传习所、学校教育、社会培训等方式，对非物质文化遗产项目进行宣传，建立民间保护队伍，以促进全社会的集体传承。在非物质文化遗产的保护中，对项目传承人的保护应该是保护工作的重点。被认定的传承人应该是本地区、本民族公认的通晓民间传统文化活动组织形式和文化内涵的代表人物或者熟练掌握传统技艺的艺人，他们可以依法开展传艺、表演及艺术创作、学术研究等活动，并受相关法律法规的保护。

对传统村落中的非物质文化遗产开展传承性保护，政府首先要做的就是保护好传承人，因为传承人对村落历史有着较为深刻的认识和理解，掌握着传统技艺，可以很好地传承村落文化。可见，加强对非物质文化遗产传承人的保护是保护非物质文化遗产的前提。

传统村落中的大部分非物质文化遗产一般是由传承人口传心授而得以代代相传的，这种传承方式被称为自然性传承。自然性传承就是在没有社会干预的前提下依赖个体行为来传承非物质文化遗产。但这种方式往往会因社会、经济、文化的发展而存在一定的局限性，能够打破这种局限性的传承方式是社会性传承。社会性传承是通过社会干预来确保非物质文化遗产传承顺利的一种方式，如制定相关法律法规、提供经费、建立传承人保障制度等。

总之，传承性保护模式要求政府坚持“保护为主、抢救第一、合理利用、传承发展”的指导方针，进一步完善非物质文化遗产保护制度，以人的培养为核心，以融入现代生活为导向，切实提高保护和传承水平，推动非物质文化遗产保护事业深入发展。

四、非物质文化遗产保护与发展策略

为更好地保护和发展传统村落中的非物质文化遗产，政府要做到以下几点（图 5-5）。

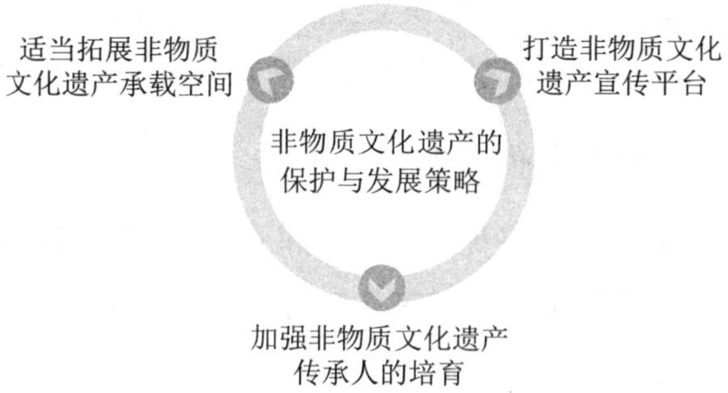

图 5-5　非物质文化遗产的保护与发展策略

（一）适当拓展非物质文化遗产承载空间

传统村落中的非物质文化遗产并不能脱离一定的物质空间而单独存在，所以政府可以从确保其承载空间入手，促进非物质文化遗产的传承与发展。一方面，政府应确保传统村落中承载非物质文化遗产的空间的分布是合理的。比如，福建省武夷山市的传统村落在历史发展过程中形成了独特的茶文化，其制茶空间与其他生活空间处于一种均衡发展、相互促进的状态，保证了茶文化传承与发展需要的物质条件。另一方面，政府可以丰富非物质文化遗产承载空间的功能。部分有条件的传统村落可以依托现有资源，改造非物质文化遗产承载空间完善非物质文化遗产承载空间的功能，以实现保护和发展非物质文化遗产的目的。比如，政府可以将传统村落中的部分空间打造为民俗博物馆、传统手工艺作坊等。总之，适当拓展非物质文化遗产承载空间能够在一定程度上促进非物质文化遗产的保护与发展，进而传承和发展传统村落的特色文化。

（二）加强非物质文化遗产传承人的培育

加强非物质文化遗产传承人的培育是保护和发展非物质文化遗产的关键。一方面，政府要鼓励当地兴建职业学校、开办非遗文化产品生产企业，壮大传承人队伍，并邀请专业人士参与到培训中，以保证传承人的质量；另一方面，政府要组织非物质文化遗产进校园活动，提高学生对非物质文化遗产的认同感和自豪感，大力培养非物质文化遗产传承人。

（三）打造非物质文化遗产宣传平台

打造非物质文化遗产宣传平台，不仅可以扩大传统村落非物质文化遗产的传播范围，还能激发人们对传统村落非物质文化遗产的保护意识。具体措施如下：第一，政府可通过当地官方网站、微信公众号等平台宣传、介绍传统村落非物质文化遗产，使更多人认识传统村落非物质文化遗产。第二，政府要以文化和自然遗产日、重大节庆宣传活动为载体，开展对非物质文化遗产保护的宣传工作。第三，政府可通过举办展览、开展专题讲座等形式，让社会各界充分了解非物质文化遗产。这样，人们对传统村落非物质文化遗产的抢救保护意识就能增强。

第三节　传统村落中基础设施和公共环境的保护与发展

一、传统村落中的基础设施与公共环境

（一）传统村落中的基础设施

基础设施是指城市或乡村中能够为居民生产、生活提供服务的各类设施，主要由道路交通、给水排水、通信、环卫、能源及综合防灾六大

工程系统组成，它是保障居民生存、城市或村落延续发展的重要支撑。一般来说，基础设施是为特定区域内的全体居民提供服务的，因此具有明显的公共物品属性。但传统村落的基础设施与一般的城市或农村的基础设施并不完全相同，它除了具有一定物质性载体的功能之外，还会受到自然环境、气候等因素的影响，并且蕴含着历史价值与地域特色，特别是传统村落中的道路交通、给水排水和防灾减灾等设施与自然环境、地域文化有着十分紧密的联系。一般来说，传统村落中的基础设施具有适应性、生态性、科学性、地域性的特征（图 5-6）。

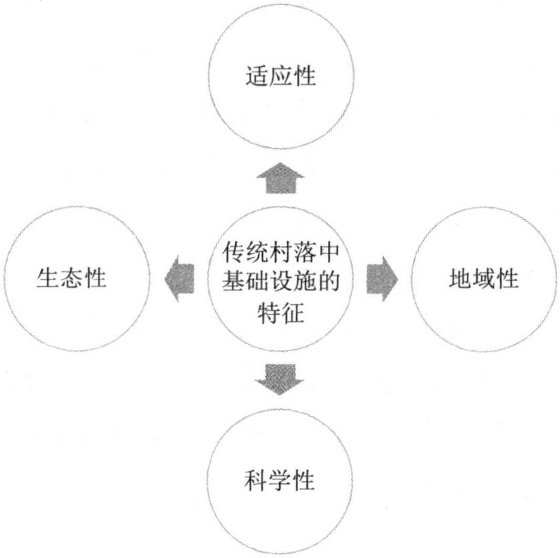

图 5-6　传统村落中基础设施的特征

1. 适应性

适应性主要是指传统村落中的基础设施对当地的地理环境有着较强的适应性，能够应对气候变化带来的负面影响，如高温干旱、骤冷骤热等。在传统村落选址、建造之初，人们就考虑到了村落与地理环境的适应关系，遵循着“天人合一”的生态思想，因为不同的地形地貌、水文气候等因素影响着传统村落的存在与发展。地形地貌决定着传统村落的空间布局，水文主要影响着人们对居住场所、给水排水的选择。可见，基础设施作为传统村落的重要组成部分，同样会受到地理环境因素的影响。基础设施对地理环境的适应性体现着人居环境与自然环境和谐共生的关系，政府只有充分尊重自然规律，才能充分利用各项基础设施，使传统村落获得发展。

比如，云南省腾冲市和顺镇的洗衣亭就体现了基础设施对地理环境的适应性。洗衣亭由洗衣台和风雨亭组成，其中洗衣台条石的搭建多垂直或平行于河岸，呈“田”字形或“日”字形。这种拼接组合与高低变化充分体现了洗衣台适应河床水位变化的多种可能，为村民在不同季节使用洗衣台提供了多种选择。作为洗衣台的遮挡建筑与中原景观标志，风雨亭在营造方式和功能上也较好地体现了适应性特征。多数风雨亭并非完全遮盖洗衣台，而是部分覆盖或与洗衣台形成一种“咬合”关系，这种建造形式能够很好地适应不同季节、不同天气，满足村民多样化的空间需求。部分风雨亭还采用抬梁式砖柱结构，并加入隔墙或山墙，这不仅能使风雨亭躲避直射的阳光和雨水，还能很好地抵御横向强风。总之，传统村落的基础设施除保障村民的生产生活之外，还与当地的地理环境有着较强的适应性。

2. 生态性

传统村落中的基础设施主要是为了满足人们生产与生活的基本需求，但它并未完全摆脱自然环境的客观影响。自然环境对传统村落中基础设施的影响使基础设施具有了生态性特征。传统村落对基础设施进行科学规划、优化配置，以较小的投入和最小的资源消耗，集约高效地利用生态资源。比如，中原地区一些传统村落的周围往往会有沟渠，这些沟渠既有自然形成的，也有人工开凿的，其主要作用就是引水与排水，即干旱时可以向内引水，内涝时可以向外排水，体现出了人们的生态智慧。又如，浙江省温州市永嘉县芙蓉村将流经村落的河水合理引入村内，并充分利用地形地貌在低洼之处巧妙设计了蓄水池，不仅可以防御干旱，还具有防火功能。

3. 科学性

传统村落中的基础设施在选址、建造技艺等方面都体现着一定的科学性，如给排水设施、防灾系统等。比如，北京市门头沟区斋堂镇爨底下村为抵御洪水和泥石流，建立了防洪排涝系统。该村村民早在建村之时就充分考虑到了环境的影响，采取了一系列科学的防治措施。该村的防洪系统分为村内和村外两大体系，其中村内的排水、隔水体系与村内的道路相结合，形成了 17 条排水路线，并在此基础上将全村分为了 12 个排水分区，各区域面积基本相等。这套排水系统不仅可以防洪、分流雨水，还可以用于单户排水处理，科学性较强。

4. 地域性

传统村落中的基础设施是当地人适应自然和改造自然的结果，具有较为明显的地域性。传统村落中的水井、街巷等基础设施的建造材料多取材于当地，这些材料体现出了浓郁的地域特色和当地村民特殊的审美情趣。比如，贵州省黔东南苗族侗族自治州传统村落中的街巷大多采用当地盛产的青石板、岩石等铺砌，其铺砌方式多样，一般以顺铺为主，遇到坡度大的路面时，多以四五块青石板堆叠形成踏步，有浑然天成之趣，体现出了鲜明的地域特色。又如，江西省上饶市婺源县汪口村中的汪口碣是清代学者江永设计的，其主要由鹅卵石砌成，整体形态呈曲尺形，堰坝由片石直立砌筑，坝体中间部位片石横砌，与水面组成“丁”字结构，不仅具有很高的科技含量，还具有鲜明的地域特色，被视为村落门户标志与兴旺发达的象征。可见，传统村落中的基础设施不仅是为了满足村民的日常需求，还承载着传统村落的文化价值。

（二）传统村落中的公共环境

传统村落一般有一个较为显著的特征，即十分注重公共空间的营造。

无论是处于什么地理环境之中的传统村落，其公共空间都是不可或缺的，它的存在主要是为了满足村民聚集和交流的需求，如集市街、大戏台、庙会等都是传统村落中较为常见的公共空间。这些场所是传统村落中各种活动的开展场所，与周边环境共同构成了传统村落重要的内部景观。因此，政府在对传统村落实施保护时，需要对这些已有的公共空间进行适当的景观优化，让村民共同维护良好的公共环境，以优化传统村落的整体环境。

为促进传统村落的保护与发展，除了维护和优化传统村落公共空间的景观之外，相关部门还应考虑传统村落中垃圾处理的问题。垃圾处理是营造传统村落良好公共环境的重要保障。传统村落与旅游业的融合发展，是使传统村落在当代重获新生的主要路径之一。随着游客数量的增多，垃圾处理成为一个急需解决的问题。对此，传统村落应建立垃圾专门管理机构，组建保洁队伍，同时做好卫生监督检查工作，实行环境决策民主化，支持社会组织参与到村落垃圾治理工作中，以更好地保护传统村落的公共环境。

二、传统村落中基础设施与公共环境的保护原则

保护传统村落中的基础设施与公共环境应遵循以人为本、价值评判的原则（图 5-7）。

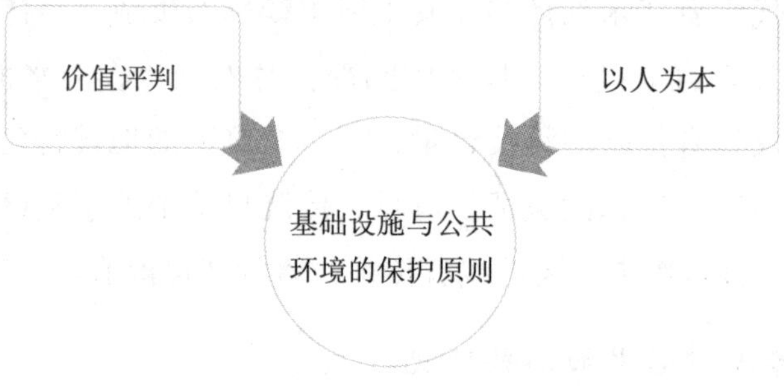

图 5-7　基础设施与公共环境的保护原则

（一）以人为本

以人为本是政府保护传统村落基础设施与公共环境需要遵循的首要原则。这一原则要求政府正确处理保护基础设施与公共环境同保障人民群众生活之间的矛盾，充分尊重当地村民的意愿，不能为了形式上的美观或片面追求经济利益而偏离了保护传统村落的最初目标。加强与群众的沟通交流，鼓励群众参与到基础设施与公共环境的各项保护工作中，共建基础设施与公共环境的保护平台，实现保护与发展的辩证统一。

（二）价值评判

传统村落可根据不同类型的基础设施与公共环境的价值与特点，采取有针对性的保护措施。在传统村落的基础设施与公共环境建设中，哪些要素是可以变的，哪些要素是不可变的，相关部门要以价值评判为依据。一般而言，能够体现出该地区历史性与地域性特征的古老街巷、给排水系统等基础设施以修缮为主，不应大改大建。当然，如果基础设施与公共环境不能满足村民的基本生产生活需求，传统村落就应建造新的设施，提高其服务能力。需要注意的是，新建造的基础设施要与传统村落的自然环境相协调。

三、传统村落中基础设施和公共环境的保护与发展策略

（一）突出地域特征，倡导村民参与

传统村落中基础设施的建造材料大多来源于自然，其本身就具有一定的地域特色，因此政府在修复传统村落中的基础设施时，应尽可能不更换原有材料，但如果继续使用该材料会对生态环境产生负面影响，就要因地制宜地挖掘替代性材料，改良建造形式与传统工艺。需要注意的是，替代性材料的选择和使用应以维持传统村落原有外观为前提。另外，多数传统村落中基础设施的建造经验与技艺主要依赖村民口口相传而得

以传承。可以说，村民在基础设施的建设和保护工作中起着重要作用。因此，政府要与村民保持畅通的沟通交流，调动村民参与建设和保护基础设施的积极性，以延长基础设施的使用寿命。

为有效维护公共环境卫生，政府还要以环境治理机制和道路管护机制为抓手，在传统村落中实现村民的共治共享。

（二）切忌盲目改造，持续适当维护

传统村落中的基础设施与村民的生产生活有着紧密的联系，如果传统村落不考虑自身实际情况，盲目地改造基础设施，可能会对传统村落造成无法复原的损坏，使其失去原有的价值。因此，为保护和发展传统村落中的基础设施，传统村落应根据自身实际情况，修缮和改造基础设施，维护自身生态性。此外，传统村落中的基础设施可能会受到自然环境的影响而弱化或失去自身功能，因此传统村落要对基础设施进行定期或不定期的维护，及时发现安全隐患，保证基础设施可以持续使用。

对于公共环境的维护和改造，传统村落应根据村民需求，改善公共环境，并引导村民制定本村落的村规民约，树立文明村风。

经过长时间的熏陶，越来越多的村民参与到村落事务管理中，群策群力，共同为传统村落中基础设施和公共环境的保护与发展出谋划策。

（三）重视周边环境，实施整体性保护

传统村落中的基础设施和公共空间并不是孤立存在的，而是与周边环境一起构成了一道亮丽的风景线，体现了人与自然和谐共处的思想。因此，为突出传统村落的地域特色和文化价值，保护传统村落中的基础设施与公共环境，政府要尽可能地维护基础设施与周边环境的关系，避免破坏基础设施的周边环境，同时营造良好的公共环境，从而实施整体性保护，保持传统村落、建筑及周边环境的协调，避免“插花”混建和新旧村不协调。

（四）规范保护流程，共建美好家园

传统村落中的新建、修缮和改造等建设活动要经乡镇人民政府初审后报县级住房和城乡建设部门同意，并取得乡村建设规划许可，涉及文物保护单位的应征得文物行政部门的同意。保护发展规划未经批准前，影响基础设施建设和公共环境优化的活动一律暂停。同时，当地政府要充分发挥纽带和推动作用，做好动员工作，引导村民积极参与到基础设施建设和公共环境优化的过程中，共建美好家园，更好地保护和发展传统村落。

第六章　传统村落保护与发展路径探索

第一节　传统村落与美丽乡村建设

一、美丽乡村建设概述

（一）美丽乡村建设的概念

美丽乡村是指经济、政治、文化、社会和生态文明协调发展，规划科学、生产发展、生活宽裕、乡风文明、村容整洁、管理民主，宜居、宜业的可持续发展乡村。美丽乡村建设是我国在长期的社会实践中探索与总结出的一项重要发展政策，它符合“以人为本”的科学发展理念，是生态文明建设的重要内容。美丽乡村建设强调乡村全面、协调、可持续地发展，其目的是使民众的生活更加幸福。美丽乡村建设与传统的城镇化建设并不完全相同，它以统筹城乡能力和城乡一体化水平为城镇化的核心标志，强调城乡之间平等地追求财富，共同享受财富，同时提倡人与自然和谐共处，促进乡村的生态发展。

美丽乡村建设主要从经济发展、生态环境、乡村文化三个方面对乡村发展提出了具体要求。首先，在经济发展方面，美丽乡村建设强调优先发展农业，促进其他产业共同发展，以使农村可持续发展。其次，在生态环境方面，美丽乡村建设要求改善农村的生活环境，建设宜居、宜业、生态、美丽的乡村。最后，在乡村文化方面，美丽乡村建设不仅重视乡村的经济发展与生态环境的改善，更重视挖掘乡村的文化内涵，保留乡村的文化特色，传承和弘扬优秀的传统文化。

美丽乡村建设是一个庞大的系统工程，涉及农村治理、生态建设、乡风文明等方面的工作，它要求相关部门按照以人为本的理念和人与自然和谐共处的要求，把建设生态文明乡村与建设美丽乡村有机结合起来，坚持因地制宜、统筹兼顾，将乡村打造成为人居环境美、生活富裕美、社会和谐美、人人幸福美的“宜居、宜业、宜游”的美丽家园，让人民充分共享现代文明，过上更加美好的幸福生活。

（二）美丽乡村建设的类型

根据近年来我国乡村发展方式的不同，美丽乡村建设可分为三种类型：整治型、保护型和新建型。

1.整治型

整治型美丽乡村建设主要表现在农民对环境整治呼声高的乡村，其重点是整治村容村貌、建设基础设施等，基本不涉及村庄搬迁和建设用地流转。整治型美丽乡村建设的主要目的是通过整治项目使乡村内部人居环境和生产条件得到改善，进而促进乡村的经济发展。需要注意的是，在实践过程中，整治型美丽乡村建设虽然受村民欢迎，但是也存在项目选择、地块选址及建设规模等不符合村庄发展需求的弊端，需要加以解决。

2.保护型

保护型美丽乡村建设主要适用于生态优美、环境污染少的地区，特别是自然条件优越、生态资源丰富的地区。在保护型美丽乡村建设中，较突出的问题就是如何处理好保护与发展的关系。在保护上，政府应因地制宜，不搞“一刀切”，并充分尊重村民意愿。对需要整体保护的传统村落，政府可在不破坏整体布局的前提下对村内道路进行修缮，建设消防、供水、污水处理等基础设施。对需要保护的传统民居，政府应与村民协商，达成共识，在不改变建筑形态的前提下，完善内部生活功能，让村民能够享受到安全、卫生、舒适、便捷的现代化生活。在发展上，政府要加大对传统村落的扶持力度，整合各方资源，着力培育一批特色种养业，同时着力打造一批传统村落乡村旅游景点、休闲观光旅游景点、健康养生旅游景点、民族文化旅游景点，促进传统村落可持续发展。

3. 新建型

新建型美丽乡村建设多是地方政府以城乡建设用地增减挂钩政策为依据、以统筹城乡发展为目标而开展的土地整理项目。这种建设模式通过农村建设用地的整理和新农村聚居点的建设，可以改善村民的居住条件，但在后续保障方面，不同地区存在的差异使美丽乡村建设的效果不尽相同。新建型美丽乡村建设可以改善农村基础设施和公共服务实施，有些地区还配套城乡社会保障一体化培训、就业培训等制度和政策体系的改革，并通过市场化手段建立城乡融合的发展机制，为乡村发展注入了活力。

（三）美丽乡村建设的功能

美丽乡村建设的功能主要包括生产功能、生活功能、生态功能、文化传承功能四个方面（图 6–1）。

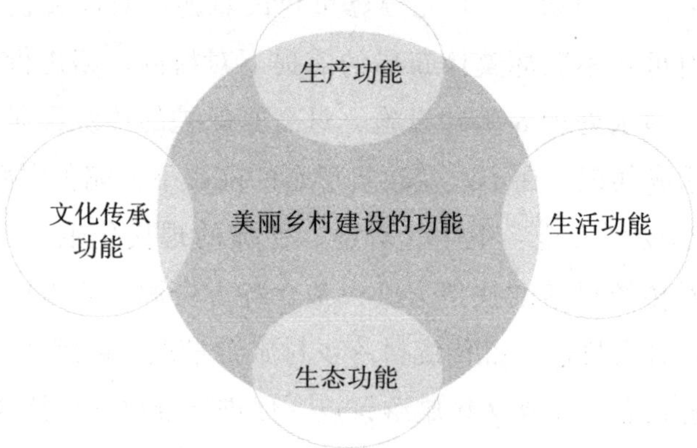

图 6-1 美丽乡村建设的功能

1. 生产功能

乡村是以从事农业生产为主的劳动者的聚居地，其产生与发展也主要是由于农业的生产与发展。乡村首先是农业生产的载体，其存在形式与农业生产在空间上的需求是相互契合的。可见，乡村是为农业生产服务的，美丽乡村建设最先要实现的目标就是发挥其生产功能。美丽乡村建设必须有利于农业生产、手工业的发展。

2. 生活功能

乡村作为人类与自然长久以来相互作用的产物，是除城市之外，人类生产生活的主要空间领域。乡村舒适的乡土环境能够缓解城市环境带给人们的压力。随着“城市病”的出现，人们越来越意识到乡村的价值，乡村也越来越吸引都市人群来休闲度假。但如果政府在对乡村进行建设时，只把乡村的休闲旅游功能放在首位，忽略当地村民的生活诉求，便会脱离美丽乡村建设的初衷。因此，从可持续发展的角度看，政府应先考虑改善村民的生活条件，让村民享受幸福的乡村生活，这也是美丽乡村建设生活功能的直接体现。

3. 生态功能

美丽乡村建设的生态功能主要是指乡村作为生态系统的重要组成部分，不仅存在着和谐共生的生态理念、低碳环保的生活方式，还有长期以来自发形成的循环利用意识。以自然资源为主体的乡村生态系统高度敏感，也比较脆弱，因此在美丽乡村建设中，政府应保护好原有的农田、林地、水体等传统乡村空间，避免生态系统遭到破坏，通过建设生态型乡村来改善乡村环境，提高村民的生活质量，促进乡村可持续发展。

4. 文化传承功能

乡村文化是中国传统文化的重要组成部分，传承优秀的乡村文化是美丽乡村建设的重要内容之一。可见，美丽乡村建设具有文化传承功能。

二、传统村落与美丽乡村建设的关系

传统村落与美丽乡村建设之间存在着辩证统一的关系。简单来说，一方面，美丽乡村建设是政府在传统村落中落实各项保护与发展工作的重要依据；另一方面，传统村落丰富的文化价值能在一定程度上丰富美丽乡村建设的内涵。

传统村落可以说是一种特殊的美丽乡村，政府对其进行合理的保护与发展，不仅可以带动美丽乡村经济发展，还有利于体现传统村落的地域特色，使传统村落的文化事业繁荣发展。从这一点看，建设美丽乡村要留得住乡韵，记得住乡愁。政府要加强对历史人文资源的挖掘、整理和保护，切实保护乡土文化的物质载体，做好传统村落民居和历史文化名村名镇的保护性开发，把美丽乡村建成有历史记忆、地域特色、民族特点的文化之乡。

传统村落沉淀着数千年以来的传统文化，保护传统村落就是保护中国乡村的文化生态。传统村落及其文化的保护和发展有利于促进美丽乡村建设，当美丽乡村建设取得阶段性成效时，必然反哺乡村的发展。同时，美丽乡村建设是美丽中国建设的基础。美丽中国建设的关键在于“三农”问题的解决，而解决“三农”问题的有效途径之一便是对传统村落及其文化的保护与开发、建设与活化。因此，政府应当采取多种举措，多管齐下，深入挖掘传统村落的价值，助力乡村振兴。

三、传统村落美丽乡村建设的意义

（一）提高了乡村形象

提高乡村形象是指对乡村的环境、文化和社会风貌等进行改善，使其更具特色和吸引力。这不仅仅是物质层面的改变，更是对乡村核心价值、文化和精神的展现与传承。

在传统村落中进行美丽乡村建设时，政府要对传统村落的建筑、道路、公共设施等进行规划和整治，还要对村落的历史文化、传统技艺和生活方式进行保护和传承。这样，不仅有利于改善传统村落的物质环境，还有利于彰显传统村落的魅力，使其在众多乡村中脱颖而出，成为有故事、有情怀、有特色的地方。此外，美丽乡村建设有助于提升传统村落的公共服务水平和村民的素质，使传统村落不仅在外观上更美丽，还在内涵上有所丰富，进而提高村民的生活质量和幸福感，吸引更多的游客和投资者，为传统村落带来经济和文化的双重收益。由此可见，在传统村落中积极落实美丽乡村建设，有利于改善传统村落的面貌，提升其社会形象，并为乡村旅游发展提供坚实的基础。

（二）促进了乡村与城市的互动

促进乡村与城市的互动是指通过各种方式和渠道，加强乡村与城市之间的经济、文化、社会和信息的交流与合作，实现两者的互补与共赢。这种互动带来的影响是双向的：乡村可以获取城市的资源和技术，城市可以了解和利用乡村的优势和潜力。

在传统村落中落实美丽乡村建设，政府要注重展现和传承传统村落的特色和魅力，使传统村落不仅成为村民生活和工作的地方，更成为城市居民休闲、旅游和体验的好去处。随着越来越多的城市居民到乡村进行旅游、投资和创业，乡村与城市之间的经济和文化交流日益增多，两者之间的联系也变得日益紧密。加强美丽乡村建设可以在一定程度上提升传统村落的公共服务水平，完善其基础设施，促进其产业发展，使其更具吸引力和竞争力，进而吸引城市的资金、技术和人才，并有助于乡村产品进入城市市场，实现乡村与城市的经济互补和共赢。同时，随着乡村与城市的互动加强，乡村的文化、风俗和生活方式也被更多的城市居民了解和接受，进而促进了乡村文化的传播。相应地，城市的文化、理念和技术也会被更多的村民了解和接纳，进而促进了乡村的现代化发展。

（三）有助于实现乡村振兴

乡村振兴战略是习近平同志在党的十九大报告中提出的。其不仅仅体现在乡村经济振兴方面，还要求乡村文化、生态、社会等方面实现振兴。

随着美丽乡村建设的推进，传统村落的经济、文化、生态等都会得到一定的发展。例如，乡村旅游、绿色农业、传统技艺等新的经济形态得到发展，给村民带来了就业岗位和稳定的收入；乡村的历史文化、传统风俗和生活方式得到保护和传承，增强了村民的文化自信；乡村的生态环境和公共服务得到改善，给村民带来了宜居的环境和高质量的生活。此外，美丽乡村建设还有助于促进乡村与城市、乡村与乡村之间的交流与合作，带给乡村更多的资源、技术和市场，实现乡村与城市的互补与共赢。由此可见，传统村落美丽乡村建设有助于促进乡村的繁荣发展，实现乡村振兴。

四、传统村落美丽乡村建设的原则

（一）政府引导，村民参与

传统村落美丽乡村建设应发挥政府的引导作用，充分尊重农民意愿，始终把维护农民切身利益放在首位。在村庄规划方面，政府应深入农户实地调查，宣讲建设意图和规划内容，充分征求村民意见，保障村民的参与权，以便调动村民参与美丽乡村建设的积极性、主动性和创造性，发挥村民的智慧和力量建设美丽乡村。

（二）因地制宜，城乡一体

政府应根据传统村落的资源优势，因地制宜地编制传统村落建设方案，同时注重优秀传统文化的保护和传承，维护乡村风貌，突出地域特色。另外，为了统筹推进新型城镇化和美丽乡村建设，政府要努力消除城乡二元经济结构，切实缩小城乡居民收入分配差距，加快传统村落基础设施建设，不断夯实传统村落的发展基础，着力构建城乡经济社会发展一体化新格局，努力实现传统村落、城镇与城市的协调发展。

（三）整体规划，合理布局

政府要完善整个村庄布点和村镇建设规划，科学编制美丽乡村建设全域性规划，切实增强规划对美丽乡村建设的指导作用。政府要做好美丽乡村建设规划与镇域规划、经济社会发展规划和各项专业规划的协调衔接，科学区分生产生活区域，确保布局合理、配套完善。政府还应结合地形地貌、山体、水系等自然环境条件科学布局，处理好山形、水体、道路、建筑之间的关系，抓住城镇化建设、产业布局调整、重点项目搬迁安置等发展机遇，积极开展美好乡村建设试点，通过以点带面、分步实施逐步扩大美丽乡村建设覆盖面。

（四）以农业为本，二、三产业协调发展

政府应以发展现代农业为基本方向和总基调，积极引入第二产业、第三产业，加速培育和壮大传统村落先进生产力，做大块状经济，做强特色产业，做优质品牌产品，为美丽乡村建设提供物质保障和经济支撑。

（五）特色发展，分类指导

乡土特色是传统村落的灵魂，政府应准确把握每个村庄的地形地貌、水系等地理因素，以及历史遗存、民风民俗等人文因素，注重保护地方特色，体现当地的建筑个性和文化风格，防止大拆大建、千村一面。只有在特色的基础上挖掘、保护、利用、创新，才能使传统村落焕发活力，真正创造出“一村一品”的精神风貌。政府要立足传统村落资源优势，结合传统村落自然环境和地域文化，合理进行区域布局，突出功能配套设施建设，使美丽乡村建设契合当地的文化传统、农村的生产生活特点和农民的风俗习惯，突出特色发展。

（六）节约用地，协调推进

政府在进行传统村落美丽乡村建设时，应科学、合理地配置土地，依法使用土地，不得占用基本农田，要慎用山坡地。公共活动场所的规划和布局应充分利用闲置土地、现有建筑及设施等。各级各部门要协调配合，健全会商机制，做好监督工作，充分发挥乡、村两级组织在美丽乡村建设中的主导作用，完成各项建设任务，形成上下联动、分工负责的工作推进机制。

（七）以人为本，可持续发展

在美丽乡村建设背景下，政府保护与开发传统村落应认识到人是着力点与关注点。政府将村民视为重要参与主体，使村民自身生活水平与整个区域发展相协调，形成良性互动。另外，传统村落的经济发展不能以牺牲环境为条件，政府必须保护好现有资源，重新考虑人与环境、生

产与环境的关系，确保资源的可持续利用。

五、传统村落美丽乡村建设的路径

（一）突出传统村落的生态美

传统村落中生态环境的保护是美丽乡村建设的重中之重。政府要引导当地村民充分认识到自身、村落与生态环境之间的关系，激发村民对生态要素维护的强烈责任感和使命感，引导村民进行自我监督、自我管理。另外，政府还可以通过村规民约促进传统村落生态建设。村规民约是村民在长期的生产与生活实践中形成的一种价值观念、伦理道德及风俗习惯。通过村规民约，传统村落能够维持相对稳定的秩序，实现在生态环境上的自治。比如，贵州省黔东南苗族侗族自治州的一些传统村落的村规民约中就有“砍一棵树，必须种三棵树”的规定，这项规定体现了村民与自然环境和谐共处的生态。也正是因为村民对这项规定的自觉遵守，村落周边的植被并未遭到破坏，其生态环境系统也处于一种良性循环的发展状态。因此，利用村规民约，让村民在日常生产与生活中规范自身行为，可以在一定程度上提高村民对生态环境维护的自觉性，促进传统村落生态环境建设。

（二）突出传统村落的人文美

1.完善传统村落公共文化服务体系

为实现传统村落美丽乡村建设，政府应将公共文化设施建设纳入传统村落保护与发展总体规划中，坚持村民需求导向，优先建设与村民切身利益相关的文化设施，满足村民的精神文化需求。

2.保护传统村落的文化多样性

为促进传统村落美丽乡村建设，在人文建设方面，政府还应保护传统村落的文化多样性。传统村落文化既包括物质文化，也包括非物质文化，同时与当地的自然环境存在一定联系。这就要求政府将彰显传统村落文化特色的元素融入美丽乡村建设中，挖掘建筑、环境等构成要素中的文化内涵，保护传统村落文化的多样性。

3. 合理发展传统村落特色文化产业

传统村落中的人文要素主要包括民歌、戏曲、名人、野趣等，它反映着传统村落的特色，是传统村落重要的文化遗产。因此，为促进美丽乡村建设，政府应在保护传统村落人文文化的基础上，对传统村落进行合理的保护与开发。一方面，政府可以通过走访村中老人和民间艺人，对传统村落中的人文文化进行收集与整理，再对其进行分类、鉴别，并将整理好的资料进行建档、编辑成册处理，以便更好地保护传统村落中的人文文化；另一方面，政府可以利用传统村落的优势发展特色文化产业，不定期开展传统村落的人文文化交流活动，充分调动村民参与的积极性和主动性搭配不当，共同推动美丽乡村建设。

总之，建设美丽乡村，保护传统村落，新旧相互统一，不可有所偏废。新时代的美丽乡村建设绝不是简单的破旧立新，更不能大拆大建，而应该在保护传统的基础上有所传承、有所创新。保护传统村落必须与美丽乡村建设结合起来，与时俱进，同步进行。美丽乡村建设要注重保护传统文化，建设优美的生态环境，发展传统村落特色产业，因地制宜地采取有效的保护模式。

六、传统村落美丽乡村建设的注意事项

（一）尊重和保护历史文化遗产

美丽乡村建设不仅仅是对传统村落物质层面的改造或升级，更应该是对传统村落文化的传承与弘扬。任何的硬件建设都应基于对原有文化和历史的深入理解。在修缮古老的建筑或规划新的设施时，政府应确保

新的建筑风格、用地规划与传统相融合，既能满足现代生活的需求，又不失去历史与文化的韵味。对于某些古老的建筑，虽然其可能已经老旧，但其背后承载的历史和故事是无价的。在修复时，政府可以利用当地传统的建筑技艺和材料，确保它们在重焕生机的同时，仍然保持着原有的风格。对于新的建筑，政府应确保其与周围的环境和建筑风格和谐。另外，在美丽乡村建设中，这些非物质文化遗产也应得到同样的尊重和保护。例如，政府可以通过组织传统节日活动、支持当地工艺发展等方式，让传统文化得以传承。当外部的游客或者投资者进入村落时，传统村落也应对其有所引导和教育，让他们了解传统村落的历史和文化，认识到保护文化遗产的重要性，从而形成一个良好的互动和保护机制。

（二）结合地方特色进行规划

在美丽乡村建设中，政府应结合地方特色规划传统村落，这是确保传统村落持续发展的重要手段。地方特色不仅包括自然风光和地域资源，还涵盖当地的历史、文化、传统和习俗。如何在规划中融入这些特色，确保其与现代生活和发展需求的和谐共生，是每一位规划者和实践者都应深入思考的问题。

地方特色首先体现在自然环境和地理条件方面。每一个传统村落都有独特的地理位置和自然环境。山川、水系、植被和气候等决定了传统村落的发展模式和生活方式。在规划中，这些自然条件应被充分考虑和利用，而非被忽视或改变。例如，一个依山傍水的村落，其规划应考虑如何最大化地利用这些自然资源，而不是进行大规模的填土或挖掘。其次，地方特色体现在当地的历史和文化方面。每个村落都有独特的历史背景、建筑风格、艺术传统和社会习俗。这些都是传统村落的文化基因，是它与众不同的标志。在规划中，应确保这些文化遗产得到尊重和保护。比如，传统建筑可以得到修复和再利用，而非被拆除或改建；传统村落中的表演艺术和传统手工艺可以得到支持和推广，成为当地的经济和文化品牌。此外，村民的参与和意见也是规划中不可或缺的部分。他们是村落的主体，是地方特色的直接传承者和体验者。在规划过程中，政府应充分听取他们的需求和意见。只有这样，规划才能真正反映地方特色，真正为村民服务。

（三）注重当地生态环境保护

生态环境不仅为村民提供了基本的生活资源，也塑造了传统村落的风景，成为吸引游客和投资的关键因素。基于此，如何确保在追求美丽的同时，不损害当地的生态平衡，成为每个参与传统村落建设的人都应深入考虑的问题。

当地的生态环境往往是经过数百年甚至数千年形成的，它的稳定性和脆弱性都决定了人们在建设中应采取的策略。任何轻率的改动都可能对整体生态造成不可逆转的影响。例如，随意砍伐树木、改变水流方向或填挖湖泊，可能对土壤、气候甚至生物多样性造成负面影响。因此，在建设传统村落时，政府应进行详细的生态评估，了解当地的生态特点和脆弱性，制定相应的生态保护措施。这些措施包括限制开发的范围和强度、使用对生态友好的建筑材料和技术以及增加绿化和水保措施。同时，对于已经存在的生态问题，如土地沙化、水体污染和生物多样性下降等，政府应在建设中予以改善和恢复。这不仅可以提高传统村落的生态质量，也可以为村民提供更好的生活条件。生态保护不仅是技术和经济问题，更是一个文化和教育问题。在美丽乡村建设中，政府应加强生态保护的宣传和教育，培养村民和游客的生态保护意识，营造共同保护和珍惜生态环境的良好氛围。

第二节　传统村落与城乡融合发展

城乡融合通常是指将城乡从原本相互割裂的状态转化为融合的状态，这一过程的实现需要政府对各种资源要素进行优化配置，使城乡生活与经济日趋协调。城乡高质量融合发展不仅可以促进生产力要素之间的相互影响，还可以增强农业与工业之间的联系，促进城乡经济可持续发展。

传统村落作为一种特殊的乡村，大多地处青山绿水间，历史悠久，有着丰富的经济、人文和生态资源，这些为休闲旅游、生态旅游、文化创意产业的发展提供了良好的条件。

城乡融合发展是一个系统工程，不仅涉及传统村落内部资源的整合，还与各种外部力量的推动相关。政府只有建立以工促农、以城带乡、工农互惠、城乡一体的新型城乡关系制度，才能进一步推进城乡融合发展，实现传统村落功能再造、价值再生。因此，政府不能脱离整个社会单独谈保护与发展，而应通过城乡融合发展，深入挖掘传统村落的各种价值，将现代产业发展理论合理、适当地引入传统村落的保护与发展中，采用交叉共融的产业改造方式提升传统村落的经济和生活水平。

在推进城乡融合发展的过程中，政府必须重视传统村落并加以保护，将传统村落丰富的自然、生态和人文资源与城市雄厚的资金技术、人才和市场资源进行有效互补，开发传统村落文化旅游资源，发展休闲旅游、生态旅游、文化创意产业，因为这是打破传统村落发展束缚、释放传统村落发展活力、促进传统村落保护与发展的有效手段。另外，为避免传统村落在城市建设中遭到破坏，政府必须对传统村落的保护与发展予以政策上的支持，切实保护好传统村落的原生态环境和文化遗存。一方面，政府要出台相关保护条例，在切实做好传统村落前期调研工作基础上，根据地区法规的立法计划，尽快出台专项的传统村落保护法规，以指导传统村落的保护与发展；另一方面，政府应完善相关法律法规，逐渐建立系统的传统村落保护法规体系，确保传统村落保护有法可依。政府要将传统村落保护与发展工作逐步引入科学化、法治化、规范化的轨道，逐步细化、完善相关法律条例，对村落的保护范围、具体措施等做出明确的规定，实现真正意义上的保护。

在城乡融合发展理念下，要想使传统村落获得进一步发展，政府应充分认识城市与乡村的良性互动关系，促进各种要素高质量双向流动、融合发展。政府应厘清保护与发展之间的关系，注重保护原汁原味的自然文化景观，完善基础设施，发展乡村旅游，形成保护与开发的良性互动格局。政府还应支持农产品加工业与休闲、旅游、文化、康养等产业深度融合，推动产业技术融合、功能融合、价值融合，努力构建传统村落产业绿色发展的产业链、价值链与供应链。政府也应将现代产业发展理念和组织方式引入传统村落，推动城乡产业有机融合，促进生产、生活、生态有机融合，在更多领域、更大范围、更高水平上形成城乡融合发展新格局。另外，城乡融合发展要深入挖掘传统村落的生态文化价值，通过发展乡村旅游、休闲农业等途径发挥传统村落的文化传承功能。

第三节　传统村落与旅游业协同发展

一、旅游概述

（一）旅游

对于“旅游”一词，不同的学者有着不同的理解，但一般认为，它是指人们为满足某种特定的审美需求进行的一项内容丰富、形式多样、涉及面广的社会经济活动。旅游是人类社会经济和文化水平发展到一定阶段的产物，它并不是一种单纯的经济现象，而是一种综合性的社会现象，具有社会、文化、经济、消费等多个属性。根据不同的划分标准，旅游可以分为多种类型。按地理范围划分，旅游可分为国内旅游和国际旅游；按旅游活动的目的划分，旅游可分为商务旅游、观光旅游和度假旅游等。

（二）乡村旅游

随着社会产业结构的调整和人们对乡村建设重视程度的不断提升，近年来，乡村旅游逐渐兴起。乡村旅游是指在乡村开展的，以自然生态环境、现代农业文明、民俗风情、乡土文化为载体，集餐饮、住宿、游览、娱乐、购物于一体的综合旅游活动。与一般的旅游相比，乡村旅游除具有旅游活动共有的属性之外，还具有自然性、文化性、体验性等特点。

1. 自然性

乡村具有独特的自然生态风光、人口相对稀少、受工业化影响程度较低，生态环境、生活方式和文化模式还保持着相对自然的原始状态，自然风景、耕作习俗、民族风情等无不体现着人与自然的和谐统一。这种在特定地域中形成的古朴、自然的乡土特点是城镇不具有的，为游客回归自然提供了条件。

2. 文化性

文化不仅仅是一种象征符号或人类创造的物质和精神成果，更是一种推动人类社会进步的力量，甚至可以说是一种生产力。乡村旅游之所以能够对游客产生吸引力，在很大程度上是因为乡村拥有特殊的、不同于城市的文化元素，如农耕文化、民俗文化、制度文化等。乡村的生产生活方式、节庆活动等积淀着深厚的文化内涵，政府只有深入挖掘这种文化内涵，并突出其重要地位，才能使游客对传统文化有深刻的了解和认识，领略民间文化的独特魅力。

3. 体验性

乡村旅游能够为游客提供多种体验式的休闲方式，如品尝美食、参与劳动活动等。这些体验式的活动能够让游客在参与过程中感受到当地的传统文化，了解特色产品、传统手工艺品的制作过程，丰富自身的生活体验与情感体验。

（三）传统村落旅游

传统村落旅游既能够满足现代人崇尚自然、回归自然的旅游需求，也能够给传统村落的整体发展带来很好的契机。其主要包括观光旅游、康体旅游、研学旅游和生态旅游四种类型。

1. 观光旅游

观光旅游是一种常见的旅游方式，具有普遍性和大众性的特点。传统村落具有满足观光旅游开发的天然优势，如优美的自然生态风光、特色鲜明的建筑等为传统村落发展观光旅游提供了必要的物质条件。比如，安徽省黄山市黟县宏村拥有青砖黛瓦马头墙的徽式建筑，弓形南湖倒影浮光，水天一色；山西省太原市晋源区店头村古树参天，山坡上散落着一座座错落有致的石碹窑洞，这些石碹窑洞建筑特色鲜明。因此，传统村落可凭借自身资源优势，大力发展以观光为主的大众化旅游市场，实现活化发展。

2. 康体旅游

康体旅游也是传统村落旅游开发的一个发展方向。随着人们生活水平的不断提高，加之人们越来越意识到身体健康的重要性，康体旅游越来越受到人们的欢迎，其市场需求逐渐扩大。而传统村落一般坐落于自然生态环境良好的区域，如果政府可以据此合理开展一些有利于游客身心健康的旅游活动，就可以满足游客的康体需求。

3. 研学旅游

研学旅游同样是传统村落旅游开发的重要方向。在传统村落中发展研学旅游主要是因为传统村落蕴含着历史文化、手工文化、民俗文化、农耕文化、游牧文化、渔猎文化等各种文化资源，其独特的建筑艺术和深厚的文化内涵对专家、学者具有较强的吸引力。建设针对专家、学者等人群的传统文化研学基地，不仅有利于研究和保护传统村落，还可以提高传统村落的知名度和影响力。所以，在传统村落研学旅游开发过程中，政府应充分考虑与各院校合作建立实习基地，为专家、学者提供考察、研究的条件和机会，吸引他们来到传统村落，并鼓励和欢迎各专业的大学生前来考察实习。

4. 生态旅游

生态旅游是以自然生态系统为景观特色的旅游活动。随着人们生活方式和工作节奏的不断变化，追求超常态的生活经历及更多关注自身的生活内容与生命质量成了一种新的潮流。在这种情况下，生态旅游应运而生。生态旅游与可持续发展倡导的生态文明建设的精神一致，大力开发文化生态旅游有利于丰富传统村落文化的形式和内涵，增强传统村落文化的生命力。

二、传统村落与旅游业之间的关系

传统村落与旅游业之间存在一种相互促进、相互影响的关系，而不是一种矛盾的、对立的关系。传统村落是传统文化的重要载体，其本身蕴含的历史文化、生态文化等都可成为一种不可多得的旅游资源。传统村落能够以其特有的乡村自然风光、人文景观为依托，通过满足游客感受乡村生活、体验农业生产、参与民俗活动、回归自然等多种需求而获得一定发展。同时，保护传统村落有利于促进区域生态环境的改善，进一步促进旅游业的发展。

旅游业的发展及其带动效应有助于保护传统村落，其中最直接的影响体现在促进当地经济发展方面。传统村落旅游资源的开发能够实现产业的交叉与渗透，为第一产业、第二产业、第三产业的良好结合提供切实可行的途径，调整和优化村落产业结构，促进村落经济发展。需要注意的是，如果政府在开发旅游产业的过程中未进行科学的规划与管理，则会破坏传统村落的自然环境，影响传统村落的健康发展，因此政府要正确处理传统村落与旅游业之间的关系，兼顾传统村落的保护与发展。

三、传统村落与旅游业协同发展的意义

（一）有利于保护与传承传统村落文化

加强传统村落与旅游业的协同发展，有助于保护与传承传统村落文化。在当今社会，随着现代化进程的加快，许多传统村落中的非物质文化遗产正面临着被边缘化甚至消失的风险。在传统村落中引入旅游业，实现传统村落和旅游业的协同发展，则可以为非物质文化遗产提供一个新的生存与发展空间。

旅游业的融入，使得传统村落文化得到更多人的关注和重视。游客对传统文化的好奇和兴趣是政府加强传统村落文化保护的动力。例如，传统村落中古老的建筑、手工艺品、民间艺术和传统节日都可以成为吸引游客的亮点。从开发旅游资源的角度看，政府有必要保护和修复传统村落中的文化遗产。

此外，旅游业可以为传统村落提供一定的经济支持。通过售卖门票、销售纪念品、提供住宿和餐饮等方式，传统村落也可以获得一定的经济收益。这些收益可以用于修复古建筑、培训手工艺人、组织文化活动等，进而为保护和传承优秀传统文化提供必要的物质基础。旅游业也可作为传统村落文化的传承行业。通过导游的讲解、文化体验活动和互动式展览，游客可以深入了解和体验传统村落文化。这不仅扩大了传统村落文

化的传播范围，还为传统村落中的年青一代提供了认识和传承本村文化的机会。当他们看到外来游客对本村文化表示出尊重和兴趣时，他们可能会更加重视这些文化，进而保护和传承这些文化。

为了确保传统村落与旅游业协同发展，政府要采取必要的措施。例如，政府应该避免传统村落过度商业化和模仿化，确保传统村落文化的真实性和原汁原味；应该加强对村民的培训，使他们成为传统村落文化的真正守护者和传承者；应该加强与学术机构和文化部门的合作，以科学、系统地保护与传承传统村落文化。

（二）有利于促进当地经济持续发展

在传统村落中发展旅游业，传统村落可以获得直接的经济收益。一方面，游客的到来能够增加对当地餐饮、住宿、交通和购物的需求，从而为传统村落创造大量的商业机会。这些商业活动不仅给传统村落带来了直接的收入，还为当地居民提供了就业机会，有利于减少他们外出务工的压力。另一方面，旅游业的发展可以带动其他相关产业的发展。例如，为满足游客的需求，传统村落可能会发展农家乐、特色农产品和手工艺品等产业。这些产业可以给传统村落带来额外的收入，并为当地居民提供更多的就业和创业机会。此外，旅游业还可能给传统村落带来外界投资。为提高旅游的吸引力，政府和企业可能会投资建设基础设施、文化设施和休闲设施。这些投资可以增强传统村落的旅游竞争力，为当地居民提供更好的生活条件。

（三）有利于加强与外界的交流和合作

传统村落作为文化和历史的载体，往往相对封闭，与外界的交流有限。但随着旅游业的介入，传统村落逐渐成为各地游客的目的地，进而打开了其与外界交流的大门。

旅游业的发展会使传统村落中的村民接触到具有各种背景和文化的游客。这种接触不仅仅是经济上的交易，更是文化、知识和经验的交流。

当地村民可以从游客那里了解外界的新鲜事物，游客则可以深入体验和了解传统村落文化。这种双向的交流有助于增进彼此间的理解，促进文化的融合。此外，旅游业的发展还会吸引外界企业和机构的关注。它们可能会与传统村落合作开展各种项目，如基础设施建设、旅游产品开发等。这种合作不仅能够为传统村落提供资金和技术支持，还可以为当地居民提供更多的学习和发展机会。

四、传统村落与旅游业协同发展的原则

（一）尊重和保护文化原貌原则

尊重和保护文化原貌是指在开发和利用传统旅游资源的过程中，充分认识和珍视传统村落承载的历史价值、文化价值和社会价值，避免对其进行过度的商业化改造，确保其真实性、完整性和连续性。

在开发传统旅游资源的过程中，遵循尊重和保护文化原貌这一原则至关重要。这是因为传统村落的魅力和价值在于其独特的历史背景、文化传统和生活方式。这些文化遗产是经过数代人积累和传承的，具有不可复制的独特性。如果在开发过程中忽视或破坏这些文化原貌，不仅会失去旅游资源的核心吸引力，还可能导致文化的断裂和失传，对传统村落造成不可逆的伤害。因此，在传统村落中发展旅游业，政府应该进行充分的调研和评估，深入了解传统村落的历史、文化、社会和生态背景，确保开发策略和措施与之相适应。在规划和设计中，政府应优先考虑文化遗产的保护和修复，避免对其进行不必要的改造或添加。此外，政府还应加强对村民的培训和教育，使他们成为文化的守护者和传承者，确保他们在旅游开发中的主体地位。

（二）避免破坏生态环境原则

避免破坏生态环境原则强调在开发和利用传统旅游资源的过程中，

政府要确保当地的自然环境、生态平衡和生物多样性得到保护，避免因旅游活动导致的过度开发、污染或其他不利影响。

生态环境是旅游资源的基础，许多传统村落的魅力不仅在于其文化和历史，还在于其独特的生态环境。如果生态环境被破坏，旅游资源的吸引力也会大大降低。生态环境一旦被破坏，恢复到原始状态需要很长时间，甚至有些破坏是永久性的。生态环境的破坏还会影响到当地居民的生活和健康，如水源污染、土地退化等都会对他们产生不利影响。因此，在传统村落中开发旅游业之前，政府应进行详细的生态评估，了解当地的生态特点、敏感区域和潜在风险，确保开发策略与生态环境相适应。基于生态评估，政府要制定详细的生态保护和管理规划，明确保护区域、措施和标准。对于可能对生态环境产生不利影响的活动，如过度建设、污染排放等，政府应禁止。此外，政府还应通过教育和宣传，提高当地居民和游客的环保意识，鼓励他们参与到生态保护中来。

总之，避免破坏生态环境原则是确保传统村落与旅游业协同发展的关键。只有确保生态环境得到真正的保护，传统村落才能在旅游开发中发挥自身价值。

（三）坚持长期整体规划原则

在传统村落中发展旅游业时，政府应基于对传统村落的深入了解，制定全面、系统、长远的旅游发展规划，确保传统村落的文化、经济、社会和生态各个方面得到协调发展。

传统村落的核心价值在于其独特的文化和历史。只有基于长期的规划，才能确保这些文化在旅游开发中得到真正的保护和传承。旅游市场和消费者的需求是变化的，制定长期发展的规划，能够确保传统村落的经济发展具有稳定性和持续性。因此，在编制规划前，政府应进行深入的调研，了解传统村落的历史、文化、社会、经济和生态等各个方面的情况，确保规划的科学性和实用性。此外，政府还要基于目标和策略，制订详细的实施计划，明确各个阶段的任务、责任。当然，规划不是一成不变的，政府还应建立相应的反馈机制，根据实际情况，及时调整和完善规划。

（四）持续监测与评估原则

持续监测与评估原则强调在传统村落与旅游业的协同发展过程中定期收集、分析相关数据和信息，以评估发展的效果、影响和风险，并根据评估结果进行调整和完善。

传统村落与旅游业的协同发展涉及多个方面和目标，而任何发展都可能出现预期之外的问题，政府如果能持续监测与评估，便可以及时发现并解决这些问题。此外，进行持续的监测与评估还可以为政府提供科学、准确的数据和信息，确保决策的合理性和有效性。因此，为促进传统村落与旅游业的协同发展，政府应建立监测与评估体系，明确监测与评估的目标、指标、方法和流程，确保其系统性和科学性。比如，定期收集与发展相关的数据和信息，如旅游收入、游客数量、文化资源的状态等，并进行分析，了解发展的趋势和影响。基于数据和分析，政府还应进行定期的评估，明确发展的效果、问题和风险，并将评估结果反馈给公众。根据评估结果，政府可以调整发展的策略和措施，确保策略和措施的有效性。

五、传统村落与旅游业协同发展的策略

要想实现传统村落与旅游业的协同发展，首先要做的就是要对传统村落的旅游资源实施保护。这就要求政府了解传统村落中各项资源的保护现状，建立健全传统村落旅游资源档案，并编制传统村落旅游资源保护规划，探索传统村落旅游资源保护与利用模式。具体来说，促进传统村落与旅游业协调发展有以下策略（图 6-2）。

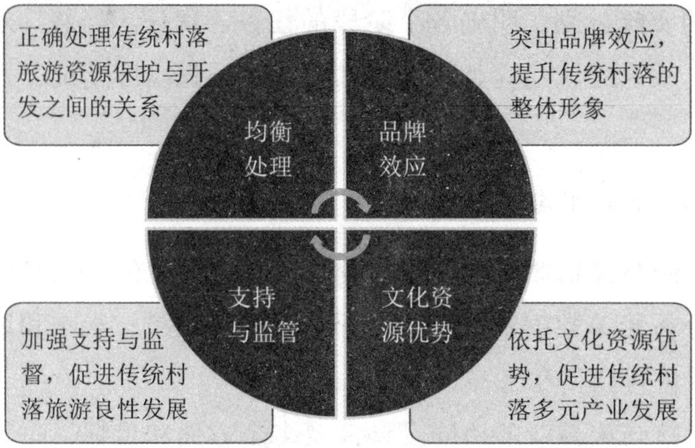

图 6-2　传统村落与旅游业协调发展的策略

（一）正确处理传统村落旅游资源保护与开发之间的关系

传统村落旅游资源保护与开发的重点是处理好保护与开发之间的关系。传统村落旅游资源的保护和开发既相互联系，又相互矛盾，是辩证的统一体。政府只有正确处理两者之间的关系，才能更好地推动传统村落可持续发展。

第一，传统村落的保护与开发是相互联系、相互依存的。一方面，保护是开发的前提。传统村落中的旅游资源是吸引游客进行各项旅游活动的前提和基础，一旦遭到破坏，游客就无法参与各项旅游活动，更不用说实现旅游资源的开发了。另一方面，开发是为了更好地保护传统村落。从某种意义看，传统村落的开发实际上就是要使传统村落得到更好的保护、更好的发展，因此政府要合理地开发传统村落中的各项旅游资源，使其发挥自身功能，最终取得良好的开发效果，以更好地保护和发展传统村落。

第二，传统村落的保护与开发是相互矛盾的。一方面，过度保护会在一定程度上阻碍传统村落旅游资源的开发，导致旅游资源无法体现出自身的价值，阻碍旅游业的发展；另一方面，开发实际上具有一定的破坏性质，开发的同时势必会带来一定程度的破坏。因此，传统村落的开发应尽量保护传统村落的原有风貌，避免出现建设性破坏，在科学规划的基础上适时、适量、适度地进行旅游资源开发。

（二）加强支持与监督，促进传统村落旅游良性发展

为保护和发展传统村落，实现传统村落和旅游业的协同发展，政府要发挥自身主导作用，整合资源，做好统筹安排工作。首先，政府要制定统一的传统村落旅游开发规划，并对规划实施情况进行有效监督。其次，政府要加大对传统村落旅游的扶持力度，建立传统村落旅游发展专项基金，盘活村落土地、宅基地、技术等资源，并在土地、税收、环保等方面提供一定的政策支持。再次，政府要完善当地交通、环境、能源等方面的硬件设施，为传统村落的旅游发展提供良好的条件，同时加大对传统村落的宣传力度，营造良好的舆论氛围。最后，政府要在传统村落旅游发展过程中进行必要的协调与监督，合理处理各利益相关者之间的关系，并制定传统村落旅游资源与环境保护制度，实现对旅游活动的规范管理，确保传统村落可持续发展。

（三）依托文化资源优势，促进传统村落多元产业发展

传统村落具有丰富的文化资源，在传统村落旅游的发展过程中，政府应合理开发和利用文化资源，打造具有地方特色的传统村落旅游品牌，促进传统村落多元产业的发展。需要注意的是，在开发具有文化内涵的旅游项目时，政府要注意游客的参与感，增强其对村落文化的认知。

（四）突出品牌效应，提升传统村落的整体形象

要想提升传统村落旅游对游客的吸引力，传统村落不仅要强化自身的资源优势，还要在宣传、营销上多下功夫，树立良好口碑，形成品牌效应。这可以从以下三点入手。第一，整合现有村落旅游资源，串联多个旅游项目，推出针对性较强的旅游精品线路，以满足游客多层次的需

求。第二，积极探索“互联网＋乡村旅游”新模式，利用互联网优势建立集位置查询、在线预约、网上支付、客服评价、订餐服务于一体的服务模式。第三，统一品牌培育和营销，扩大乡村旅游知名度和影响力。政府要充分利用电视、广播、互联网、社交媒体等媒介开展立体宣传活动，加大对乡村旅游项目和特色产品的宣传力度，提升传统村落的整体形象，吸引游客前来旅游。

六、传统村落与旅游业协调发展的案例

我国有许多传统村落与乡村旅游协调发展的案例值得人们参考与学习。下面就以几个传统村落为例进行重点分析。

（一）北京市爨底下村

爨底下村位于北京市门头沟区斋堂镇西北部的深山峡谷中。明清时期，爨底下村是京西交通大动脉的重要古驿道，也是京城连接边关的军事通道，地理位置优越。目前，该村仍保留着传统的建筑风格，具有旅游开发的天然优势。

具体来看，该村发展乡村旅游的基础条件主要有两个。一是具有得天独厚的景观优势。从自然景观看，爨底下村四面环山，上有古栈道、双龙洞，下有门插岭、笔架等自然景观。从建筑景观看，爨底下村坐北朝南，依山而建，呈扇形结构向两侧延展；村庄统一规划，每个四合院、门楼都建得漂亮，具有独特的审美价值。二是文物古迹众多，民俗活动丰富。爨底下村不仅有明朝时期修建的“爨里安口”，还有清朝时期修建的各种庙堂。村内文化娱乐活动有正月十五转灯游庙、唱蹦蹦戏、民间说唱等。

随着时代的发展，爨底下村因为独具特色的民居文化吸引了大量游客前来旅游。其核心旅游产品包括古代建筑群、独特的精品民宿等。依托旅游资源优势，爨底下村不仅在本村发展多种旅游产业，还带动了周

边多个村庄一起发展民俗旅游业，建立了川柏旅游景区。

爨底下村主要采取的旅游开发策略有以下几个。第一，注重顶层设计，整合优势资源。当地政府按照“传承历史文脉、建设斋堂古镇”的工作思路和功能定位，对爨底下村的旅游文化资源进行开发和利用，将爨底下村建设成了集生态旅游、民俗旅游、休闲旅游等旅游产业于一体的旅游景区，使爨底下村获得进一步发展。第二，强化整体意识，创新管理和开发模式。当地政府以文化遗产地和乡村旅游地为依托，将经营、管理、盈利、营销和开发五种模式有机地融为一体，建立了完整的文化遗产旅游开发体系。第三，紧抓民俗发展契机，促进传统村落旅游提档升级。为了有力地推动精品民宿的落地，门头沟区紧抓与西城区结对协作的大好机遇，设立了乡村振兴绿色产业发展专项资金，通过集成精品民宿发展政策服务包，提高招商引资精准性，极力打造精品民宿。第四，坚持以人为本，促进传统村落旅游长效发展。爨底下村按保底分成的方式保证村集体的利益，惠及周边村落的人民群众。同时，当地自产的各种农产品就地销售，使整个斋堂镇形成了经济发展新模式。

爨底下村结合旅游产业的协同发展给人们带来了许多启示。传统村落旅游不能只以单一形式进行，而是要在政府宏观调控的基础上充分调动居民的积极性，并把握好开发的度，促进旅游产业多元化、系统化发展，适当增加体验型旅游产品和活动，将当地的文化和民俗通过旅游活动的方式进行传承，促进传统村落可持续发展。

（二）安徽省黄山市黟县宏村

宏村位于安徽省黄山市黟县东北部，始建于南宋时期，是典型的徽派民居村落。从外观看，整个村落呈“牛”形，既有山林野趣，又有水乡风貌，素有“中国画里的乡村”之美誉。古时候，宏村人为了防火灌田，别出心裁地开仿生学之先河，建造了堪称“中国一绝”的人工水系。

近年来，当地政府紧抓发展契机，引入了“先保护后开发”的旅游发展模式，投入资金对传统建筑进行修缮，对周边环境进行整治，对基础设施进行完善，这些措施对宏村发展旅游经济起到了保障作用。优美的山水风光、充满智慧的人工古水系、精良的建筑艺术共同构成了宏村丰富的旅游资源。宏村在开发和利用这些资源时很好地处理了保护与发展的关系，在保护中开发，在开发中保护，形成了自己独特的发展模式。其做法主要体现在以下几个方面。

1.政府主导建立保护管理体系

当地政府发布了多项管理制度，并建立了以黟县世界文化遗产管理委员会为主导的保护管理体系。该保护管理体系成员包括县政府、村“两委”、旅游公司、民间组织等管理主体（图6-3）。

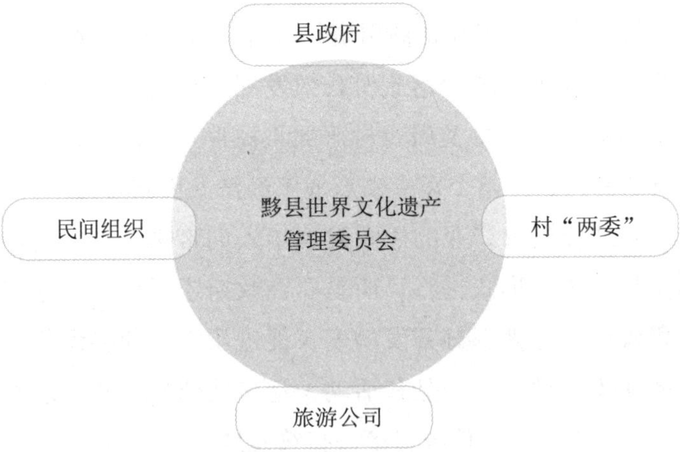

图6-3　宏村保护管理体系

黟县世界文化遗产管理委员会负责统筹协调各个管理主体，审议宏村的保护规划、保护项目、政策措施等工作。县政府负责村落保护、开发、发展项目的实施及日常管理，如传统建筑的修缮、旅游秩序管理、村落环境整治、违法建设查处等。村“两委”除协助县政府落实保护管理工作之外，还负责世界文化遗产保护的宣传、环境卫生整治、村规民约落实、村民素质提升等工作，并负责协调村落旅游发展与村民生产生活之间的矛盾。旅游公司主要协助县政府的保护管理工作，负责景区的经营管理。此外，宏村村民还自发成立了宏村古村落保护协会、爱我宏村民间协会等民间组织，发动村民自觉遵守遗产保护承诺并积极参与到文化遗产的保护工作中。

2. 提升村民的保护意识

在传统村落旅游资源的开发过程中，当地政府将旅游收益分红与建筑日常维护进行了挂钩，以改变村民的传统看法，将经济利益作为驱动力来提高村民对当地文化遗产和自然环境的保护意识。

3. 创新发展文旅产业

宏村凭借自身文化优势，与旅游产业进行深度融合，建成了国家级特色小镇的宏村艺术小镇。该小镇深入挖掘古建筑、古街道等的文化内涵，特别是积极整理、复活非物质文化习俗活动（如徽州祠祭、古黟民谣、雉山凤舞等），坚持用文化支撑、包装、拓展旅游，延伸旅游产业链条，不仅保持了传统村落的风貌，保护和传承了宏村的徽文化特点，还进一步促进了旅游经济发展。

（三）江西省上饶市婺源县李坑村

李坑村距婺源县城 12 千米，地处紫阳镇、江湾镇、思口镇三个旅游重镇的中心位置。该村始建于北宋年间，自古就是徽饶古道必经之地。村内明清古建筑遍布，街巷溪水贯通、九曲十弯，徽派民居宅院沿溪而建，依山而立，粉墙黛瓦、参差错落，“小桥流水人家”便是对李坑村最为生动的描述。

李坑村依托自身旅游资源优势，建立了“三加一联”的景区经营模式，即内部“三加”（村委会 + 公司 + 农户），外部紧密联系市场。当地政府通过深入调研，结合李坑村的实际情况，提出了“政府主导、放手经营、入股开发”的村落发展形式，对内设立旅行社、培训员工，做足内功，完善配套设施建设；对外利用多种媒体渠道，积极宣传、推介，提升村落的知名度。传统村落与旅游产业的融合发展，不仅促进了当地民众就业、增收，还有利于村落文化资源的保护。旅游资源开发后，政府要设立相关的规章制度，对传统建筑、公共环境进行改造与维护，完善改水、改电、路面硬化等基础设施，让民众真正从传统村落的保护与发展中获益，进而促使民众自觉参与到保护传统村落文化中。此外，在促进传统村落发展的过程中，当地政府根据旅游市场的需求，凭借得天独厚的地理位置，着力打造餐饮住宿、休闲娱乐、购物商贸一条街，大力发展“农家乐”产业，积极打造“高山好茶”，实现了景区旅游向全域旅游的转变。

李坑村与旅游业融合发展的做法给人们的启示主要有以下几点（图6-4）。

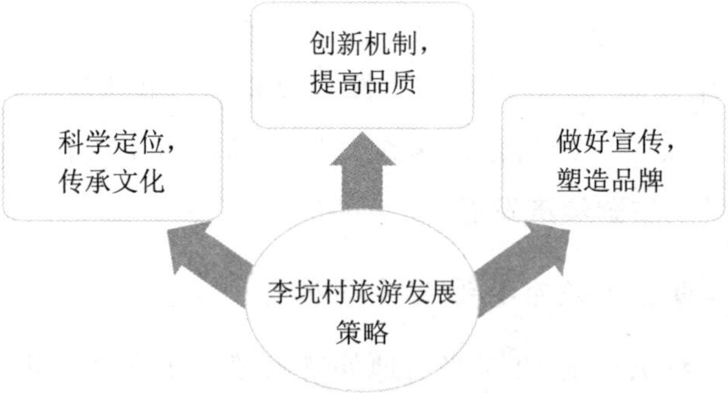

图 6-4　李坑村旅游发展策略

1. 科学定位，传承文化

科学定位主要是梳理传统村落的旅游资源，对传统村落发展所依托的现实条件做出准确的把握；传承文化则是促进旅游业发展必须遵循的一项基本原则。李坑村在开发旅游产业的过程中注重传统文化的保护和合理利用，这一点也是政府在落实传统村落保护与发展各项工作时需要把握的关键点。把传统村落的文化特色转化为旅游资源和经济优势，使之成为生态文化旅游的重要支点，有利于传统村落文化旅游的发展。

2. 创新机制，提高品质

创新机制，提高品质是有效保护与合理利用传统村落旅游资源的前提。为促进传统村落的保护与发展，政府可以结合传统村落自身条件，适度打破常规模式，创新管理机制，整合旅游资源，优化旅游产品结构，提升产品品质。

3. 做好宣传，塑造品牌

宣传推介是提高传统村落知名度的关键。政府可以通过特色民俗文化活动的开展、互联网平台宣传等方式扩大村落的传播范围，提升村落的影响力。同时，政府可以结合地域特色，成立传统村落自身的品牌，发挥品牌优势，提升传统村落在旅游市场的竞争力。

（四）山西省晋中市榆次区东赵乡后沟村

后沟村历史悠久，早在唐朝时期就已有先民定居。后沟村所处的地貌为典型的黄土高原低山丘陵，其背依太行山支脉——要罗山脉，龙门河蜿蜒穿过。村内民居建筑为典型的黄土高原土穴窑居，其特点是依崖就势、随形生变、参差别致，类型有石窑、砖窑、土挖窑、独体窑、窑中窑等。村中民居还保留了大量精美的砖雕、木雕、石雕。村民多在土窑的前面以青砖砌成前墙，在前墙的中间位置做天地神龛，并做水口，砌檐额。另外，由于后沟村地势落差大，雨水若自然在村中沿坡而下，对村里的道路和住宅有较大威胁。因此，后沟村修建了排水系统。该排水系统与地面建筑紧密配合，由地下主渠道和连着院落的支渠组成，有的院落的水自成体系，确保了所有的水最终都排进龙门河。

后沟村依托良好的自然条件，发展乡村旅游，构建了一二三产业协同发展的模式，给本村注入了新的生机。目前，后沟村已成立以蓝莓、樱桃采摘为主的天地祥和合作社，打造了集种植、康养、研学等于一体的宏艺康乐田园综合体，多元化发展。为维护良好的人居环境，后沟村积极探索人居环境长效治理的办法，改建污水处理站，增设水电气、垃圾处理配套设施，切实改善了村民的生活环境。另外，后沟村还制定了村庄日常管理制度，创新实施“四长治村”，设置了“街长”“园长”“河长”“院长”，分别对应环境卫生岗、花草监督岗、水系监督岗、美丽庭院监督岗，鼓励村民积极参与到村庄的日常管理和环境维护工作中，拓展了村落人居环境长效治理的路径。

（五）湖南省永州市兰溪村

兰溪村又称勾蓝瑶寨，坐落于湖南通往广西苍梧的重要隘口，是典型的城堡式古瑶寨。兰溪村是以姓氏聚居的，每个姓氏一个门楼，门楼与主干道垂直，有 13 条次干道，各姓氏沿主干道及次干道左右设置的小巷向后延伸布置住房，形成以血缘为主脉的居住格局。另外，村内至今保留着多座明代、清代的民居，这些建筑造型精致，具有较高的历史文化价值，充分显示了瑶族人民的智慧。兰溪村还有中元节、尝新节、洗泥节、盘王节等传统节日，每节必戏，每节必舞。在节日期间，村民或跳起长鼓舞、吹响芦笙、集体欢庆，或要龙舞狮、走村串户，这些习俗一直沿袭至今。

近些年，兰溪村依托自然山水、传统文化和独特的民俗风情资源，大力推进乡村旅游工程，走出了一条乡村旅游可持续发展之路。其具体做法如下：成立江永兰溪勾蓝瑶寨旅游开发有限公司，村民将景区内责任田的土地经营权以分红加保底租金的方式流转给村集体，由村集体统一进行旅游开发和生产经营；该村立足市场和游客需求，开发了民俗游、亲子游等系列旅游产品；村委会在保护古建筑和生态环境的前提下，成立农业生产和旅游发展的专项合作社，调整了村落产业结构，促进了村落经济的发展；该村结合实际情况，制定了景区管理办法，开设了旅游培训班，培训讲解员、销售员、手工艺人才等专业人才，提升了村落自我发展能力；该村注重发挥村“两委”的示范带头作用，创新实行重大决策、重大事项三级联动模式，鼓励村民参与管理，对积极参与保护和发展的村民予以表彰奖励，极大地调动了村民的积极性。

第四节 传统村落集中连片保护发展

一、传统村落集中连片保护发展的意义

集中连片保护发展是指将附近具有相似传统文化和民俗风情的村落有机地连接起来，形成一个整体，并依托其独特的文化遗产打造特色旅游区域，促进当地经济发展。这种保护方式不是仅关注单一的村落，而是将多个村落视为一个整体，进行综合性的规划和管理。实施传统村落集中连片保护发展，不仅有助于保护和传承文化遗产，还可以促进当地的文化、经济和生态发展。

（一）维护文化完整性

维护文化完整性是指确保一个文化体系或传统在其传承和发展过程中，保持其核心价值、特色和结构的完整和连续，避免其被割裂、稀释或失真。这是对文化遗产保护的核心要求，也是最终目的。

每一个传统村落都是一个独特的文化体系，承载着历史、传统、风俗和技艺等文化元素。这些文化元素往往与传统村落的地理、生态、经济和社会环境紧密相连，形成了一个有机整体。如果只对一个传统村落进行保护，而忽视了其与周边村落的关系和互动，就可能导致这个文化体系的片段化和孤立化，失去完整性和连续性。而传统村落集中连片保护发展正是基于对文化完整性的尊重和追求。对一系列具有相似或互补文化特征的传统村落进行整体性、系统性的保护，可以确保这些传统村

落之间的文化联系和互动得到维护，形成一个更大、更完整的文化体系。这不仅有助于各个传统村落的文化元素得到更好的保护和传承，还可以促进传统村落之间的文化交流和融合，实现文化的共享和创新。例如，一个地区的多个传统村落可能共同参与一个传统节日的庆祝，或者共同维护一个传统技艺的传承。如果只对其中一个传统村落进行保护，就可能导致这个节日或技艺失去其社区基础和文化背景，变得孤立和脱节。而集中连片保护发展可以确保这些文化活动和技艺在整个地区得到维护和发展，实现其文化完整性和连续性。

（二）促进资源共享

资源共享是指多个实体之间共同使用和管理某一资源，从而实现资源利用的最大化。传统村落中的资源包括文化遗产、自然资源、资金、技术、信息等。

传统村落集中连片保护发展为传统村落之间的资源共享创造了条件和机会。因此，传统村落集中连片保护发展不仅是对文化遗产的保护，更是一种资源管理和利用的策略。将多个传统村落视为一个整体，共享资源，可以提高资源的利用效率，实现资源利用的最大化，为传统村落的可持续发展提供有力的支撑。

（三）增强旅游吸引力

旅游吸引力是指某一地区或景点对游客产生的吸引和诱导作用，它通常与该地的自然风光、文化遗产、特色活动和服务质量等因素密切相关。对于传统村落来说，独特的历史、文化、风俗和生活方式是其旅游吸引力的重要组成部分。

传统村落集中连片保护发展为增强村落的旅游吸引力提供了以下优势：第一，为游客提供了更丰富的旅游体验。游客可以在一个相对集中的区域内体验多个传统村落的文化、风俗和景观，得到更为丰富和多样的旅游体验。第二，形成了旅游品牌和特色。多个传统村落可以共同形成一个旅游品牌或特色，如某一传统节日、习俗或技艺，吸引更多的游客前来参与和体验。第三，实现了旅游资源的整合和优化。集中连片保护发展可以整合和优化多个传统村落的旅游资源，为游客提供更为高效和专业的旅游服务。

二、传统村落集中连片保护发展的可行性

集中连片保护发展是相对于单个独立保护而言的，其是我国在促进传统村落发展的实践中探索出的新思路、新路径。目前，我国在传统村落中实施集中连片保护发展已取得一定的成就。比如，江西的婺源、浙江的松阳、黔东南的一些苗寨和侗寨等通过对一个个“古村落群”集体的人文力量进行自我的凝聚、互补与强化，取得了显著成效，它们都是古村落保护的成功典范。

与一般的保护方式相比，集中连片保护发展有着诸多优势，它依据统筹规划整个区域资源，重点发展传统村落的整体思路，充分挖掘本地特色资源，不仅有利于各个村落的协调发展，还能够充分发挥出传统村落的地域特色。比如，黔东南地区具有独特的自然环境和历史文化，分布其中的传统村落不仅数量众多，还有着丰富的文化遗产。当地政府据此建立了传统村落集中连片保护利用示范区，对区域内传统村落的建筑形态、历史、民俗等文化遗产进行汇总，建立档案，采取专项保护措施，同时对区域内传统村落的整体风貌进行保护，使各民族聚居区的特色更加鲜明。又如，重庆因为山川阻隔，看似零散的传统村落实际存在着某种内在联系，它们往往在血缘关系的作用下，以个体为单位组织生产与生活活动，形成独立的村落环境，又因地理因素的限制和社会因素的干预，以某种角色存在于区域结构之中，彼此关联成一个文化意义上的整体。重庆的传统村落适宜实施集中连片保护发展。

将传统村落与周围的其他村落作为一个整体，进行整体连片保护，

是避免传统村落被割裂的有效途径。集中连片保护发展打破了村落间的发展障碍，能够有效促进村落间的交流互通、资源共享，实现共同发展。

三、传统村落集中连片保护发展的实施策略

推进传统村落集中连片保护发展，政府应从以下几个方面入手（图6-5）。

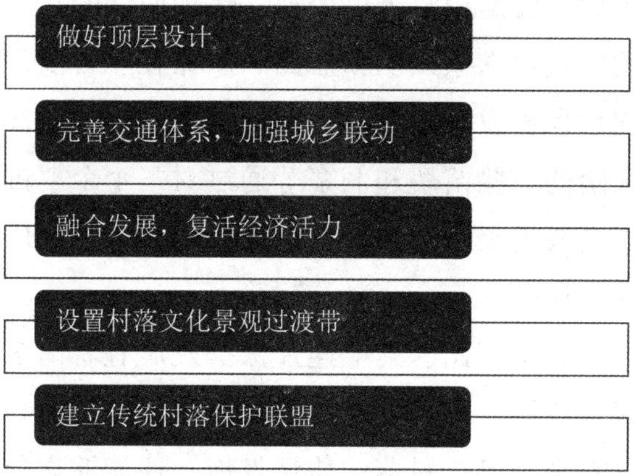

图6-5　传统村落集中连片保护发展的实施策略

第一，做好顶层规划设计。政府应在对传统村落实施保护之前树立保护优先的观念意识，坚持规划引领的原则，以节约集约用地为导向，科学、系统地编制传统村落保护发展规划，并根据传统村落的管控层级，有机更新“多规合一”的规划思路，有计划、有重点、分区块地开展传统村落保护试点项目。

第二，完善交通体系，加强城乡联动。道路交通是传统村落与外界联系的重要通道，对推进区域共同发展起着关键作用。政府应完善传统村落及其周边村庄的交通体系，打破地理空间的限制，建立共同发展的联动机制，实现交通运输体系的有效衔接。同时，政府要注重统筹城乡发展，推动城乡要素的双向合理流动。比如，农村的资源要素可以流向

城市，城市的资金、技术、人才等要素也要流向农村，形成城乡资源的双向互动。

第三，融合发展，激活经济活力。要想实现对传统村落的集中连片保护发展，政府应以传统村落为根本，以生态环境为支撑，以传统文化为依托，引入生态农业、休闲旅游等业态，推动一二三产业的融合发展，提升区域经济活力。比如，浙江松阳发挥地理环境优势，联合传统村落与周边村庄，大力发展高效生态农业，同时引入多种自然生态种养模式，建成了多个生态农业示范基地。此外，松阳还出台了老街业态培育、农产品转为旅游地商品等专项政策，积极发展农副产品加工业，将生态优势转化为经济优势，为传统村落的绿色发展提供了鲜活的样本。

第四，设置村落文化景观过渡带。要想实现对传统村落的集中连片保护发展，政府应对村落之间的文化景观要素有足够的重视。随着新型城镇化建设的推进和区域环境的不断变化，传统村落文化景观内部也会出现较大程度的异化，导致传统村落景观、现代新城景观、现代产业景观交替出现，彼此割裂。因此，这里建议在村落之间设置文化景观过渡带，避免现代新城景观与现代产业景观对传统村落文化景观的分割，保护好区域内传统村落的整体风貌和文化空间，克服传统村落“破碎化”与“孤岛化”现象。

第五，建立传统村落保护联盟。任何传统村落都不是孤立存在的。对传统村落文化遗产的保护，不仅要保护其本体，还要保护其赖以生存的村落地域文化体系。基于村落之间的历史联系及其血缘关系，政府可建立相应的村落联盟，定期举办文化遗产保护联谊活动，联合推出文化宣传和旅游产品，保护传统村落地域文化的完整性和连续性。

传统村落集中连片保护发展并不是一朝一夕就能实现的，也不是在任何地区都能适用的。政府在实践中应结合传统村落的实际情况，对那些地理空间密集度高、特色资源关联度强、景观风貌协调性好的特定区域实施集中连片发展。对于历史文化资源比较集中的片区，政府可依托不同类型的文化资源，推动区域性文化资源整合和集中连片保护发展。

目前，我国各地区积极探索传统村落长效保护利用机制。截至2022年，我国共有40个示范县（市、区）入选传统村落集中连片保护利用示范县（市、区）名单，具体如表6-1所示。这些地区采取了多种措施保护和延续传统村落的历史风貌，促进了传统村落保护与地方经济的协调发展，并与乡村振兴进行了有效衔接。

表6-1　传统村落集中连片保护利用示范县（市、区）名单

序　号	示范县（市、区）名单	序　号	示范县（市、区）名单
1	北京市门头沟区	21	湖北省咸宁市通山县
2	河北省石家庄市井陉县	22	湖南省郴州市汝城县
3	山西省阳泉市平定县	23	湖南省怀化市溆浦县
4	山西省晋中市平遥县	24	广东省梅州市梅县区
5	内蒙古自治区呼伦贝尔市额尔古纳市	25	广西壮族自治区桂林市灌阳县
6	辽宁省朝阳市朝阳县	26	广西壮族自治区贺州市富川瑶族自治县
7	吉林省白山市临江市	27	海南省澄迈县
8	江苏省苏州市吴中区	28	重庆市秀山土家族苗族自治县
9	浙江省金华市兰溪市	29	重庆市酉阳土家族苗族自治县
10	浙江省丽水市松阳县	30	四川省泸州市合江县
11	安徽省宣城市绩溪县	31	四川省广元市昭化区
12	福建省福州市永泰县	32	贵州省铜仁市石阡县

续　表

序　号	示范县（市、区）名单	序　号	示范县（市、区）名单
13	福建省龙岩市连城县	33	贵州省黔南布依族苗族自治州荔波县
14	江西省吉安市吉水县	34	云南省保山市腾冲市
15	江西省赣州市瑞金市	35	云南省红河哈尼族彝族自治州建水县
16	山东省济南市章丘区	36	陕西省延安市延川县
17	山东省威海市荣成市	37	陕西省安康市汉滨区
18	河南省平顶山市郏县	38	甘肃省白银市景泰县
19	河南省信阳市新县	39	青海省海东市循化撒拉族自治县
20	湖北省黄冈市麻城市	40	新疆维吾尔自治区昌吉回族自治州木垒哈萨克自治县

在落实传统村落的保护与发展方面，四川省广元市昭化区坚持传统村落“连片保护”发展模式，按照“一村落一方案”的原则，探索建立“名城—名镇—名村”三级历史文化遗产保护体系，并多次开展传统村落建筑全面普查工作，对符合保护标准的古建筑纳入保护范围并认定发布，对不符合标准的古建筑积极落实各项整治措施，实现了对传统村落历史文化遗产的有效保护。该区同步明确传统村落保护工作的责任主体，积极执行传统村落保护与发展的全过程监管制度，并聘请专业技术人员对传统村落保护的基层工作人员进行培训。同时，该区通过会议、广播等多种途径全面宣传保护政策，提高群众对传统村落资源的认识和保护意识。

作为集中连片保护利用的示范区，贵州省黔南布依族苗族自治州在传统村落的保护与发展工作中取得了一定成效。黔南布依族苗族自治州依托民族特色村寨中的物质文化遗产和非物质文化遗产，按照“保护为主、抢救第一、合理利用、传承发展”的工作方针开展文化遗产保护工作。具体而言，黔南布依族苗族自治州大力挖掘红色文化遗产，如瓮安县猴场会议遗址与千年古邑、传统民俗相结合，打造新民俗（红色）旅游模式，带动传统文化发展。在生态环境保护方面，黔南布依族苗族自治州积极开展生态环境治理和基础设施建设工作，如三都水族自治县怎雷村积极实施“五改三建”工程，改建村寨内的水系、道路、垃圾转运站、公共厕所和消防设施等。这些措施为其后续实现产业升级、旅游发展打下了坚实的基础。此外，黔南布依族苗族自治州还十分重视村寨特色产业的建设，大力发展特色农业产业。有的村寨还将民族文化与特色产业进行有机结合，开发特色产品，促进了村落的旅游经济发展，增加了当地居民的收入。

第五节　传统村落数字化保护与发展

一、传统村落数字化保护与发展的意义

传统村落的数字化保护是指利用数字技术对传统村落的物质文化遗产和非物质文化遗产进行记录、存储、展示和传播的过程。其主要目的是为传统村落提供一个持久、高效和广泛的保护手段，确保这些宝贵的文化资源得到传承和发展。

（一）有利于长期保存

传统村落面临自然老化、环境变化、人为破坏等多种风险。数字化保护为这些村落提供了一个持久的、不受物理条件限制的保存方式，确保即使原始遗产受损或消失，其数字化信息仍可为后人所用。

传统村落作为人类历史与文化的见证，承载了一代代人的记忆和情

感。然而，随着时间的推移，这些村落不可避免地面临自然老化的挑战，如风化、侵蚀和地质变动。此外，环境变化，如气候变暖、洪水和干旱，也对这些传统村落构成了威胁。更为严重的是，人为破坏，无论是城市化的推进、土地利用的变化，还是战争和冲突，传统村落的文化遗产都可能受到不可逆的损害，甚至消失。在这种背景下，传统村落的数字化保护尤为重要。通过先进的数字技术，如三维扫描、高清摄影和虚拟现实，相关部门可以对这些村落进行精确、全面的记录。这种记录方式不仅可以捕捉每一个细节，还可以为传统村落提供一个时间的快照，使人们能够在任何时间回顾和研究。更关键的是，数字化信息不受物理条件的限制，不受自然因素和人为因素的影响，可以长期保存。这意味着即使原始的遗产受到损害或消失，人们仍然可以通过数字化的方式访问和学习这些宝贵的文化资源。这不仅为学者和研究者提供了一个宝贵的研究工具，还为公众提供了一个了解和体验传统文化的平台。此外，数字化保护还为传统村落的修复和重建提供了参考。通过对原始结构的精确记录，相关部门可以更为准确地恢复和重建这些遗产，保留它们的原始风貌。

（二）有利于提高文化传播效率

数字化的内容可以通过互联网、虚拟现实、增强现实等进行广泛传播，使全球观众都能接触到这些珍贵的文化遗产，加深对传统文化的了解。

作为文化遗产的重要组成部分，传统村落具有历史价值、文化价值。然而，由于地理位置的偏远、物理条件的限制以及现代生活方式的影响，传统村落文化往往难以广泛传播。在这种背景下，数字化保护为传统村落的文化传播提供了新的可能。数字化技术使得传统村落的文化内容可以被转化为数字格式，从而方便存储、管理和传播。这种格式的灵活性和普及性意味着，无论是文字、图片抑或音频、视频，人们都可以通过互联网轻松地分享给其他人。这种广泛的传播不仅可以吸引更多的人了解和关注传统村落，还可以激发公众的兴趣和好奇心，使他们更深入地探索和体验这些文化遗产。数字化内容还可以与现代技术（虚拟现实、增强现实等）相结合，为公众提供一个沉浸式的体验。这种体验不仅可以使观众更为直观地了解传统村落的历史和文化，还可以增强他们的情感参与和文化认同。数字化保护还为传统村落的文化内容提供了一个持久的保存方式。这意味着这些内容不仅可以为当代的人们所用，还可以为后代继承和学习，从而实现文化的长期传承。

（三）有利于促进文化旅游与经济发展

数字化技术可以为游客提供更为丰富和深入的体验，如虚拟导览、增强现实解说等，从而吸引更多的游客，推动当地的文化旅游和经济发展。

数字化保护使得传统村落的文化、历史和风貌得以精确记录和展示。这种展示方式不仅为游客提供了一个更为直观和深入的体验，还为他们提供了一个方便的参考和导览工具。例如，通过虚拟现实，游客在家中就能够“游览”这些村落，从而激发他们的兴趣和好奇心，吸引他们实地参观。此外，数字化内容还可以与各种营销和推广工具相结合，如社交媒体、在线广告和移动应用，从而吸引更多的游客。这种广泛的宣传和推广不仅可以提高传统村落的知名度和吸引力，还可以为当地带来大量的旅游收入。更为重要的是，文化旅游的发展还可以带动当地的其他产业（餐饮、住宿、交通等）的发展。这不仅可以为当地居民提供更多的就业机会，还可以促进当地的经济发展和社会进步。同时，数字化保护为传统村落的可持续发展提供了有力支持。通过对传统村落的精确记录和分析，管理者可以更为科学和合理地规划和管理，确保旅游业的发展与文化遗产的保护相得益彰。

二、传统村落数字化保护与发展的主要技术

传统村落的数字化保护涉及多种先进技术，这些技术共同为村落的文化、历史和风貌提供了精确、全面的记录和展示。以下是传统村落数字化保护与发展中的主要技术（图 6–6）：

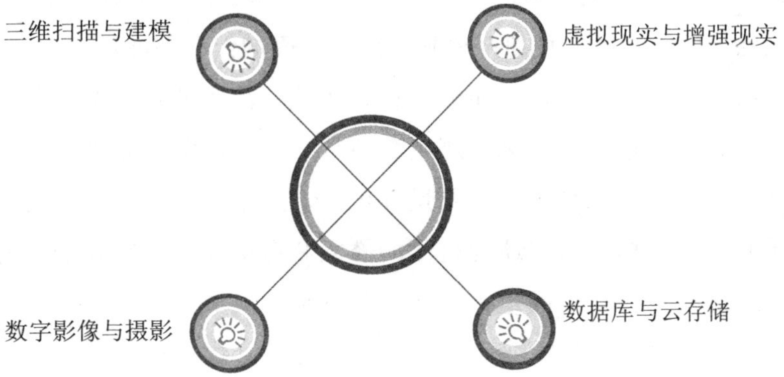

图 6–6　传统村落数字化保护与发展的主要技术

（一）三维扫描与建模

三维扫描是一种使用特定的设备捕捉物体的外部形态和细节的技术。这些设备通常被称为三维扫描仪，通过发射和接收光线或其他类型的辐射，测量物体表面的点。这些点被精确地记录下来，并在三维空间中形成一个点云。点云数据可以捕捉到物体的大小、形状和纹理等详细信息。三维建模则是一个创建、编辑和优化三维对象的过程。这通常是在专门的软件环境中完成的，如计算机辅助设计（computer aided design，CAD）或其他三维建模软件。通过三维扫描得到的点云数据可以转化为更加结构化的三维模型，如网格模型或固体模型。这些模型不仅可以表示物体的形状，还可以加入颜色、纹理和其他视觉属性。将三维扫描与建模结合起来可以忠实地再现真实世界中的物体或场景。例如，在文化

遗产保护中，古老的建筑或艺术品可以通过三维扫描技术被精确地记录下来，然后通过三维建模技术进行进一步的编辑和优化，从而创建一个数字化的副本。这个副本可以用于研究、教育、展示或其他目的，不会对原始物体造成任何损害。

在传统村落的保护与发展过程中，三维扫描与建模技术的核心价值在于，它能够为传统村落的建筑、景观和文物提供一个数字化的副本，从而确保这些宝贵的文化遗产得到长期、全面的保存和展示。

高精度的三维扫描技术能够捕捉到传统村落中的每一个细节。无论是古老的建筑、精美的雕刻，还是那些与日常生活紧密相连的文物，都可以通过这种技术得到精确的测量和记录。这不仅为后续的研究和分析提供了有力的数据支持，还为村落的修复和保护提供了重要的参考。三维建模则进一步将这些测量数据转化为生动、真实的三维模型。这些模型不仅可以为公众提供一个直观、深入的体验，还可以为管理者和研究者提供一个方便的工具，使他们能够从不同的角度对村落进行观察和分析。更为重要的是，三维扫描与建模为传统村落提供了一个持久的、不受物理条件限制的保存方式。即使原始的建筑或文物受到了损坏或消失，其数字化的副本仍然可以为后人所用，从而确保这些宝贵的文化遗产得到长期的传承。

（二）数字影像与摄影

数字影像是指通过数字技术捕捉、存储、处理和展示的图像。与传统的胶片影像不同，数字影像是由大量的像素组成的，每个像素都有特定的颜色和亮度值。这些像素在计算机、手机或其他数字设备上以二进制数据的形式存储。数字影像可以是静态的，如照片，也可以是动态的，如视频。由于其数字本质，这些影像可以轻松地编辑、传输、分享和存储，而不会降低其原始质量。数字摄影是使用数字相机捕捉影像的过程。与传统的胶片摄影相比，数字摄影有许多优势。首先，用户可以即时查看拍摄的影像，这使得他们可以立即评估和调整设置，以获得最佳效果。其次，数字照片可以轻松地在各种设备之间传输和分享，无须进行冲洗和打印。最后，数字摄影还提供广泛的后期处理和编辑选项，从基本的裁剪、调整到复杂的图像合成、特效。数字影像与摄影的发展为人们提供了前所未有的机会来捕捉、解释和分享周围的世界。其不仅改变了人们记录和回忆的方式，还为艺术家、记者、科学家等提供了新的表达和探索手段。

高清晰度的数字影像能够捕捉传统村落中的每一个细节。无论是古老的建筑、精美的雕刻，还是那些与日常生活密切相关的风景和人物，都可以通过这种技术得到精确的记录。这不仅为研究者的后续研究和分析提供了有力的数据支持，还为村落的修复和保护提供了重要的参考。数字摄影则进一步将这些影像转化为生动、真实的图片和视频。这些内容不仅可以给公众带来直观、深入的体验，还可以为管理者和研究者提供一个方便的工具，使他们能够从不同的角度对传统村落进行观察和分析。

数字影像与摄影可以为传统村落提供一个持久的、不受物理条件限制的保存方式。即使原始的风景或活动产生了变化或消失，其数字化的记录仍然可以为后人所用，从而确保这些宝贵的文化遗产得到长期的传承。

（三）虚拟现实与增强现实

虚拟现实（virtual reality，VR）是一种完全沉浸式的体验。用户通过特定的硬件设备，如 VR 头盔，可以进入一个完全由计算机生成的三维环境。在 VR 中，用户的真实环境被完全替代，他们可以在这个虚拟世界中自由移动、互动和探索。传感器等可确保用户在虚拟环境中的动作和位置与现实世界中的动作和位置同步。增强现实（augmented reality，AR）是一种将计算机生成的图像、声音或其他信息叠加到真实世界的技术。与 VR 不同，AR 不会替代用户的真实环境，而是在其上增加额外的数字层。使用 AR 技术，用户可以看到真实世界，并在其上看到计算机生成的图形、文本或其他信息。

在传统村落的数字化保护中，政府可利用虚拟现实和增强现实为人们提供一个沉浸式的体验和学习环境。通过虚拟现实和增强现实，人们可以进入一个由计算机生成的三维环境，这个环境是基于真实的传统村落数据和影像创建的。在这个虚拟的村落中，人们可以自由地探索每一个角落，无论是古老的建筑、风景，还是村民的日常生活。这不仅使人们获得了真实的体验感，还能在某种程度上保护现实中的遗址，避免过多的人流对其造成损害。

当人们在实际的传统村落中参观时，他们可以通过 AR 技术，如智能手机或 AR 眼镜，看到计算机生成的图形、文本或其他信息叠加在真实的场景上。这些信息可以是关于建筑的历史、艺术品的背景或村落的传统习俗。这种技术不仅丰富了游客的参观体验，还为他们提供了更多学习和了解传统村落文化的机会。

（四）数据库与云存储

数据库是一个结构化的数据集合，它可以轻松地存储、检索、更新和管理数据。数据库通常由一系列相关的数据表组成，这些表中的数据是按照预定义的模式或结构组织的。数据库支持高效的数据查询和检索，通常通过使用结构化查询语言（structured query language，SQL）来实现。此外，数据库还提供了数据完整性、安全性和备份恢复功能。而云存储是一种将数据存储在由第三方服务提供商托管的远程服务器上的服务。用户可以随时通过互联网访问这些数据。云存储确保了数据的可扩展性、可靠性和可用性。由于数据是在多个服务器和位置上冗余存储的，因此即使某些硬件或设施出现故障，数据仍然是安全和可访问的。此外，用户只需要为自己实际使用的存储空间付费，这使得云存储成为一种成本效益高的解决方案。

利用数据库和云存储能够为传统村落的数字化资料提供一个安全、稳定和可扩展的存储和管理平台。数据库在传统村落的数字化保护中，主要用于存储和管理大量的文化资料。这些资料包括建筑的详细信息、历史文献、口头传统、图片、视频以及其他与传统村落相关的数据。通过对这些数据进行结构化的存储，人们可以轻松地从相关数据库查询、检索和分析这些宝贵的信息。此外，数据库还为数据的完整性和安全性提供了保障，确保了文化遗产的原始信息不会被篡改或丢失。云存储则给传统村落的数字化保护带来了更大的便利性和可扩展性。随着数字化资料的不断增加，本地存储可能很快就会达到其容量上限。云存储为这些数据提供了一个远程的、可扩展的存储空间，使得无论数据量有多大，都可以得到妥善存储。更重要的是，由于云存储的冗余性和备份机制，即使在面临自然灾害或其他突发事件时，数据仍然是安全和可访问的。此外，云存储还为传统村落的数字化资料提供了更广泛的传播途径。通过云平台，全球的用户都可以轻松地访问这些资料，进一步推动了文化遗产的交流和共享。

三、传统村落数字化保护与发展的实施路径

（一）建立空间信息数据库

传统村落的每一块石头、每一条小路、每一座建筑都与其特定的地理位置有关。这些位置信息为人们提供了关于村落历史、文化和社会结构的重要线索。例如，一个村落的地理位置可能揭示了它的贸易路线、与邻近村落的关系，以及某些文化活动在这里特别盛行的原因。通过将这些信息整合到空间信息数据库中，人们可以更加全面和深入地了解和保护文化遗产。

政府需要对传统村落进行详细的地理测绘，收集其地形、地貌、建

筑、道路和其他关键特征的精确位置信息。这可以通过高精度的 GPS 设备、无人机航拍或地面激光扫描等来完成。接下来，这些地理数据需要与村落的文化和历史信息相结合。例如，某座建筑的位置数据可以与其建筑年代、风格、用途和相关的历史事件等信息相关联。这样，当用户查询某个地点时，他们不仅可以看到其地理位置，还可以了解到与之相关的背景信息。最后，为了确保数据的可访问性和易用性，空间信息数据库应该采用标准化的数据格式和结构，并提供友好的用户界面。这样，无论是研究人员、政府部门，还是普通公众，都可以轻松地查询、分析和共享这些宝贵的数据。

（二）采集传统村落基础信息

传统村落基础信息库通常包括村落的地理位置、建筑特点、历史背景、文化传统、居民生活习惯等多方面的信息。这些信息为数字化保护提供了基础数据，确保了保护工作的准确性和完整性。

采集传统村落基础信息库，政府需要综合运用多种方法和技术。政府应该对传统村落进行实地考察，直接了解和记录村落的地理环境、建筑风格、文化活动等。这些第一手的资料可以为后续的数字化工作提供重要的参考。政府还应该与当地居民进行深入的交流和访谈。居民是传统村落文化的传承者，他们对传统村落的历史、日常生活有着深入的了解。通过与他们交流，政府可以获取许多书面资料难以获得的珍贵信息。此外，利用现代技术手段也可以有效地采集传统村落的基础信息。例如，人们可以使用无人机进行航拍，快速地获取村落的地形、建筑布局等信息，也可以利用地理信息系统（GIS），对传统村落的地理位置、交通网络、资源分布等进行详细的分析和记录。在采集信息的过程中，人们需要注意数据的标准化和整合。由于信息来源可能涉及多个部门和人，数据要确保一致性和准确性。此外，为了便于后续的查询和分析，数据还要进行分类、标签和索引。

（三）开发交互体验平台

交互体验平台是一个集成了多种数字技术和内容的在线或离线系统，旨在为用户提供沉浸式、交互式的体验。这种平台通常结合了虚拟现实、增强现实、三维建模等，使用户能够以直观、互动的方式探索和体验内容。

开发交互体验平台的原因是多种多样的。随着数字技术的发展，人们对信息的获取和体验方式有了更高的期待。传统的文本和图片已经不能满足现代人对信息互动和沉浸式体验的需求。交互体验平台正好可以满足这种需求，为用户提供更加直观、生动的体验。

在传统村落的数字化保护发展中，交互体验平台有着至关重要的作用。通过这种平台，用户可以在虚拟环境中游览村落、了解其历史和文化、与当地居民互动，甚至参与村落的日常活动。这不仅为用户提供了一种全新的体验方式，还有助于增强他们对传统村落文化的了解和认同。对此，人们需要对传统村落进行深入的研究和了解，对村落的历史、文化、建筑、风俗等各个方面进行全面的梳理。这些信息将为平台提供丰富的内容资源，确保用户在体验过程中获得真实、准确的信息。之后，技术团队需要利用现代数字技术，如三维建模、虚拟现实、增强现实等，将这些信息转化为可视化的、互动的内容。例如，用户可以在虚拟环境中游览村落、与虚拟的居民互动，甚至参与模拟的村落活动。为了提高用户的参与度和沉浸感，平台还可以结合人工智能，为用户提供个性化的推荐和导览服务。此外，为了确保平台的持续更新，当地居民和文化工作者可以参与到内容的创作和分享中，上传自己的故事、照片、视频等，与更多的人分享自己的生活。

（四）拓展保护更新系统

保护更新系统是一个综合性的数字化管理系统，旨在对传统村落的保护信息进行实时更新和管理。这个系统不仅可以记录村落的原始状态，还能够跟踪和管理所有与保护和修复相关的活动，确保每一次的变更都得到妥善的记录和存档。在快速发展的现代社会，传统村落面临各种各样的挑战，从自然环境的变化到人为的开发活动，都可能对其造成影响。为了确保传统村落可以获得长期保护，传统村落需要一个能够实时反映村落状态的系统，及时发现和处理各种问题。

在传统村落数字化保护发展中，为了确保数据的实时更新，政府可以将物联网引入其中，将村落中的各种传感器和监控设备与数据库连接起来。这样，一旦发生任何变化，系统都能够立即捕捉，并自动更新数据库。此外，为了鼓励更多的人参与到传统村落的保护工作中，相关部门可以开放部分数据，允许公众参与数据的上传和编辑。当然，为了确保数据的准确性和权威性，所有的修改都需要经过专家的审核和确认。总而言之，相关部门要建立一个全面、实时、开放的数据管理系统，促进公众的参与和关注，共同守护这些宝贵的文化遗产。

四、传统村落数字化保护与发展的实施策略

（一）技术研发

为了确保传统村落得到有效的数字化保护，政府需要不断地引进先进的数字化技术。在当前的技术背景下，三维扫描可以为传统村落的建筑、景观和文物提供精确的测量和建模手段。这种技术能够为村落提供一个数字化的副本，确保即使原始遗产受损或消失，其数字化信息仍可为后人所用。虚拟现实和增强现实则可以为传统村落的数字化保护提供新的可能。这些技术可以为用户提供沉浸式的体验，使其更加直观地了解和感受传统村落的魅力。无人机航拍摄影也为传统村落的数字化保护提供了新的视角，它可以从空中捕捉传统村落的全貌，为人们提供更加全面和立体的信息。但仅仅依靠现有的技术是不够的，技术研发也很重要。这需要政府与高校、研究机构建立合作关系，共同推进技术研发，

为保护传统村落提供技术和人才的双重支持。高校拥有丰富的研究资源和最新的科研成果，研究机构则具有深厚的行业经验和实践知识。政府与高校、研究机构合作，既可以实现资源的互补和优势的结合，使技术研发更高效，为保护传统村落提供技术支持，又可以培养出更多的技术人才，为保护传统村落提供人才支持。这些人才将成为未来传统村落保护工作的中坚力量，为村落的数字化保护和发展提供持续的动力。

（二）资金投入

传统村落的数字化保护不仅涉及技术研发、人才培养，还包括实地调查、数据采集、设备购置和系统维护等多个环节，这些都需要相应的资金支持。为了确保传统村落的数字化保护工作能够稳步推进，政府需要先制订一个明确、合理的预算计划。预算计划不仅是数字的列举，更是对整个项目的全面梳理与规划。在这个计划中，每一个细节都应被仔细考虑，从技术研发的资金需求到设备购置的预算，再到人员培训的费用、实地调查所需的经费，每一项都应明确、具体。技术研发是数字化保护工作的核心，它决定了保护工作的质量和效果。因此，为其分配足够的资金是至关重要的。设备购置也是一个不可忽视的环节。高质量的设备不仅可以提高技术研发者的工作效率，还可以确保数据的准确性和完整性。人员培训则关乎整个项目的执行力，有了专业的团队，保护工作才能顺利进行。实地调查则是为了更准确地了解传统村落的实际情况，为后续的数字化保护工作提供准确的数据支持。当预算计划明确后，资金的分配和使用就有了明确的方向。这不仅可以避免资金的浪费，还可以确保每一分钱都用在刀刃上，从而提高整个项目的效益。当资金得到合理利用后，传统村落的数字化保护工作就有了坚实的基础。

除了政府的财政拨款外，传统村落的数字化保护还可以积极寻求社会资本的参与。例如，政府可以与企业、基金会及非政府组织合作，共同为传统村落的数字化保护提供资金支持。这不仅可以扩大资金来源，还可以借助合作方的技术和经验，提高保护工作的效率。许多企业和组织在数字化技术、数据管理以及文化保护方面有丰富的经验，它们的参与可以为传统村落的数字化保护带来新的视角和方法。此外，社会资本的参与还可以提高人们对传统村落数字化保护工作的关注度。当企业和组织投身于这项公益事业时，其员工、合作伙伴以及广大消费者都可能因此而对传统村落产生浓厚的兴趣，从而形成一个良好的社会氛围，支持并参与到文化遗产的保护中来。

对于已经完成的数字化保护项目，政府可以通过各种渠道进行展示和推广，如数字化旅游，这既可以增加传统村落的知名度，也可以为其带来一定的经济效益，进一步为保护工作提供资金支持。数字化旅游是一种虚拟旅游方式，通过数字化旅游，游客仿佛置身于真实的村落之中，感受到那里的历史、文化和生活氛围，从而获得全新的、沉浸式的旅游体验。这种新型的旅游方式可以吸引更多的年轻游客，获得一定的经济收益，而获得的经济收益又可以用于传统村落的数字化保护工作中。

（三）政策引导

在传统村落的数字化保护初期，政府应该制定一系列鼓励和支持的政策，明确数字化保护的重要性和紧迫性。这些政策包括资金补贴、税收优惠、技术支持等内容，旨在为相关机构和企业提供足够的动力和条件，帮助其开展传统村落数字化保护工作。

（四）加强宣传

加强宣传在促进传统村落的数字化保护与发展中占有举足轻重的地位。公众的理解、支持和参与是确保这一工作成功的关键。为了让更多的人了解和关心传统村落的数字化保护，政府需要采取一系列有效的措施。

1. 利用各种媒介渠道

政府可以通过各种媒体，如电视、广播、报纸、杂志以及互联网等，广泛宣传传统村落的文化价值和数字化保护的重要性。这样可以让更多的人了解到这一工作的意义和价值，从而提高他们的参与度。电视作为一个直观的视听媒体，可以通过纪录片、特辑或新闻报道的形式生动地展现传统村落的风貌和文化魅力，同时深入探讨传统村落数字化保护的过程和成果。广播则可以通过访谈、专题节目等形式，邀请专家、学者深入探讨传统村落的价值和保护策略，为听众提供更为深入的解读。报纸和杂志作为文字媒体，可以通过深度报道、评论或专题文章系统地阐述传统村落的历史背景、文化内涵以及数字化保护的意义和方法。这种文字描述更便于读者深入思考和反复品味。互联网作为一个快速传播和互动的平台，不仅可以发布相关的新闻和文章，还可以建立专题网站或相关应用，集成各种数字化资源，使公众更便捷地了解传统村落文化。这些多元化的媒体宣传可以让更多的人了解和认识到传统村落的独特魅力。当公众对传统村落的价值有了更深入的了解和认同后，他们自然会积极地参与到传统村落数字化保护工作中，为传统村落文化的传承和发展注入更为强大的动力。

2. 组织各种公众活动

政府可以组织各种公众活动，如展览、讲座、研讨会、实地考察等，让公众亲身体验和了解传统村落的魅力和数字化保护的成果。展览是一种直观的展示形式，通过图片、模型、视频等多种形式，可以生动地展现传统村落的历史变迁、建筑风格和生活场景。公众在参观过程中，可以直观地感受到传统村落的魅力，对其产生更深的认同和尊重。讲座和研讨会则为公众提供了一个深入了解和探讨的途径。讲座和研讨会可邀请学者、专家从不同角度深入剖析传统村落的文化价值、历史背景以及数字化保护的方法和成果。这种深度的交流和分享可以帮助公众建立对传统村落及其数字化保护更为系统和全面的认识。实地考察是一种更为直接的体验方式。公众可以亲自走进传统村落，与当地居民交流，亲身体验传统的生活方式和文化氛围。这些公众活动不仅可以帮助公众更加深入地了解和认识传统村落，还可以为村落带来更多的经济效益。

第七章　传统村落保护与发展的典型案例

第一节　浙江传统村落的保护与发展措施

一、杭州市传统村落活态发展之路

（一）传统村落的基本状况

杭州市位于浙江省北部，是浙江省的省会，同时是国务院首批公布的历史文化名城和中国七大古都之一，全市遍布传统村落，素有“鱼米之乡”的美誉。这些传统村落或拥有独特的景观环境，或散发着悠悠古韵，是杭州这座历史文化名城的灵魂。截至2022年底，浙江杭州共有65个村落被列入中国传统村落名录，具体名单如表7-1所示。

表7-1　杭州市传统村落名录

批　次	村落名录	数量/个
第一批次	富阳市（今杭州市富阳区）龙门镇龙门村、建德市大慈岩镇新叶村、桐庐县江南镇深澳村	3

续 表

批 次	村落名录	数量 / 个
第二批次	桐庐县富春江镇石舍村、桐庐县凤川街道翙岗村、桐庐县江南镇荻浦村、桐庐县江南镇徐畈村、淳安县鸠坑乡常青村	5
第三批次	桐庐县富春江镇茆坪村、桐庐县江南镇环溪村、桐庐县莪山畲族乡新丰民族村戴家山村、桐庐县合村乡瑶溪村、淳安县浪川乡芹川村、建德市大慈岩镇李村村、建德市大慈岩镇上吴方村	7
第四批次	萧山区河上镇东山村、桐庐县凤川街道三鑫村、桐庐县江南镇石阜村、桐庐县江南镇彰坞村、桐庐县新合乡引坑村、建德市更楼街道于合村、建德市杨村桥镇徐坑村百箩畈自然村、建德市大洋镇建南村章家自然村、建德市三都镇乌祥村、建德市大慈岩镇里叶村、建德市大慈岩镇双泉村、建德市大慈岩镇三元村麻车岗自然村、建德市大慈岩镇檀村村樟宅坞自然村、建德市大慈岩镇大慈岩村大坞自然村、建德市大同镇劳村村、建德市大同镇上马村石郭源自然村、富阳区场口镇东梓关村、临安市（今杭州市临安区）锦南街道横岭村、临安市湍口镇童家村、临安市清凉峰镇杨溪村、临安市岛石镇呼日村	21
第五批次	桐庐县桐君街道梅蓉村、桐庐县莪山畲族乡莪山民族村、淳安县威坪镇洞源村、淳安县梓桐镇练溪村淳安县汾口镇赤川口村、淳安县中洲镇札溪村、淳安县中洲镇洄溪村、淳安县枫树岭镇上江村、淳安县左口乡龙源庄村、淳安县王阜乡龙头村、淳安县王阜乡金家岙村、建德市寿昌镇石泉村、建德市寿昌镇乌石村、建德市大慈岩镇檀村村湖塘村、临安区高虹镇石门村、临安区湍口镇塘秀村塘里村	16

续　表

批　次	村落名录	数量 / 个
第六批次	桐庐县富春江镇俞赵村、建德市大慈岩镇陈店村、淳安县威坪镇贤茂村、临安区湍口镇湍源村、临安区湍口镇塘秀村、建德市三都镇寿峰村、淳安县里商乡里商村、萧山区楼塔镇楼家塔村、萧山区进化镇大汤坞新村、富阳区永昌镇青何村、临安区太湖源镇指南村、临安区玲珑街道锦绣村、临安区高虹镇龙上村	13

第一批数据来源：中华人民共和国住房和城乡建设部官网（https://www.mohurd.gov.cn/gongkai/zhengce/zhengcefilelib/201212/20121219_212340.html）。

第二批数据来源：中华人民共和国住房和城乡建设部官网（https://www.mohurd.gov.cn/gongkai/zhengce/zhengcefilelib/201308/20130830_214900.html）。

第三批数据来源：中华人民共和国住房和城乡建设部官网（https://www.mohurd.gov.cn/gongkai/zhengce/zhengcefilelib/201412/20141203_219694.html）。

第四批数据来源：中华人民共和国住房和城乡建设部官网（https://www.mohurd.gov.cn/gongkai/zhengce/zhengcefilelib/201612/20161222_230060.html）。

第五批数据来源：中华人民共和国中央人民政府官网（https://www.gov.cn/zhengce/zhengceku/2019-09/29/content_5434777.htm）。

第六批数据来源：中华人民共和国中央人民政府官网（https://www.gov.cn/zhengce/zhengceku/2023-03/21/content_5747708.htm）。

这些传统村落主要集中于建德市、桐庐县、富阳区，且多处于山地、丘陵地带。从风格特征上看，其主要包含传统建筑型村落、自然生态型村落和人文景观型村落三种类型。

传统建筑型村落以丰富的物质文化遗产为主要特色，村落建筑风貌保存较好，如深澳村、新叶村、龙门村、石阜村、芹川村等。其中，深澳村现存明清时期的古建筑140余幢，这些建筑内部雕刻精美，堪称“明清古建筑雕刻博物馆”；新叶村至今完好地保存着16座古祠堂、古大厅、古塔、古寺和200多幢古民居建筑，被誉为“中国明清建筑露天博物馆”。

自然生态型村落的树木植被多样，自然资源丰富，以优美的自然生态环境著称，村内参天古树点缀其中，与徽派建筑交相辉映，共同形成了当地的传统风格，如常青村、石舍村、双泉村等。其中，常青村内层峦叠嶂，林木蓊翳，篁竹蔽天，常年青葱翠绿。常青村的“鸠坑毛尖”的制造工艺被列入杭州市非物质文化遗产名录。石舍村坐落于深岭尖麓，村呈燕窠形，环山临溪，周围山脉连绵起伏，峰岗林立、山体苍郁，植被丰富，景致极佳。

人文景观型村落的人文底蕴深厚，民风民俗特征突出，如荻浦村、徐畈村、东梓关村、环溪村等。其中，荻浦村历史悠久，距今已有近千年的历史。孝义文化、古戏曲文化、古造纸文化、古树文化为该村的四大特色文化。徐畈村始建于南宋，位于桐庐县江南镇，以“和合文化”闻名于世，朱、徐、申屠三个姓氏的村民和睦相处，共同修缮明德堂、徐氏宗祠，编排和合戏曲，开展各项民俗活动。

这种划分方式并不是将传统村落完全割裂开来。鉴于许多传统村落兼具传统建筑型、自然生态型和人文景观型的共同特征，政府在保护与开发实践中，应将传统村落看作一个统一的整体，既重视对物质文化遗产的保护，又重视对非物质文化遗产的保护。

（二）传统村落保护与发展的措施

近些年，杭州市高度重视传统村落保护与发展工作，积极推动传统村落和农业文化遗产的当代活化利用，特别是在乡土建筑的保护与利用方面积极实施了“百村示范、千村整治”工程、风情小镇建设等举措，并取得了显著成效。

为科学规划传统村落乡土建筑县（市、区）保护和利用工作，杭州市编制了详细的保护规划，许多县（市、区）积极开发传统村落文化旅游资源，如淳安县、富阳区等出台了相关的规范文件，优化配置旅游资源，积极推动传统村落与旅游业的融合。

杭州市在保护古建筑、挖掘传统文化、修复古村落、发展古村游等方面做出了巨大努力，将乡土建筑纳入了法律保护体系中，为传统村落的保护增加了一层屏障。另外，由于乡土建筑数量众多，为科学合理分配资金，杭州市根据文物保护的现状和等级评估结果，对重点乡土建筑进行优先修缮，逐年逐批抢救乡土建筑。修缮后的乡土建筑还被开发成农家书屋、老年活动中心、农村文化礼堂、专项博物馆等，并取得了良好的社会效益和文化效益。比如，杭州市富阳区东梓关村为改善村民的居住条件，由政府主导，在传统村落附近另辟新地，实施了回迁安置等一系列措施，完善相关配套设施，成功解决了传统村落发展受限的问题。在村落规划上，该村从传统肌理的院落空间基本单元出发，遵循从单元生成组团，再由组团演变成村落的生长逻辑，通过四种基本单元的组合，再现传统聚落的多样性。这种“单元—组团—村落”的生长模式与传统村落的集聚逻辑秩序一致，与行列式布阵相比，其在土地节约性、庭院空间的层次性和私密性上有了显著提升，为东梓关村的持续推广和价值传递提供了支持。

在“百城千镇万村高质量发展工程”的支持和引导下，浙江省多地乡镇结合自身旅游资源的优势和条件，积极推动旅游与当地农业融合发展，走出了一条富有浙江特色的农业旅游发展道路，吸引了越来越多的长三角周边地区的居民前来参观，其中就有一些独具特色的新型业态脱颖而出，如鲁家村田园风光游、余村森林康养旅游、荻浦古村落特色文化游等。

下面以几个典型的村落为案例，对其保护与发展措施进行具体分析。

1.深澳村

深澳村位于浙江省桐庐县富春江南岸天子岗北麓，地处丘陵地带，地势南高北低，村落前迎璇山，后拥狮岩，应家溪和洋婆溪东西分流，七常公路村中通过。深澳村是申屠家族的血缘村落，其凭借古老的文化、深厚的历史积淀、独特的地理环境，成为桐庐著名的江南古村。村内保留着多幢明清古建筑，其中最为著名的为九世堂和儒林堂。这些建筑雕刻精美、内容丰富、工艺精湛，具有极高的保护和研究价值。深澳村的古民居多为方方正正的四合院，四面两层楼房，中间围出一个小天井，基本形式大体相同，主要区别在于天井的多少和轩廊的设置。一个天井的院落为二进堂屋，两个天井的称三进堂屋，如“怀素堂”为五间三进，“尚志堂”为五间四进，多的有七个天井八进堂屋，如现在尚存的“恭思堂”。除了错落有致的房屋古建筑，每座房屋还配有精致的砖雕、木雕、石雕。穿行在每条窄街小巷，随处可见每座院落里赭红尚留的楹梁窗棂，经过几百年的风吹雨打，更显得古朴苍劲。

深澳村在保护与发展实践中形成了自身独特的模式。在村庄保护方面，深澳村注重保持村落主体风貌的协调性，不仅加强对村落建筑的保护，还重视新农村民居建设，走出了一条传统村落保护与发展的新道路。比如，深澳村重建申屠氏祠堂，保留完整的历史风貌，并利用卵石修复破损的乡村道路，为传统村落发展旅游奠定了良好的基础。此外，村落中还有部分新建的民居，对于此类建筑，深澳村也最大限度地保留其原有风貌，不将其强行改建为仿古样式，留下了时代发展的印记，避免了为实现“风貌协调”而全部改建为仿古建筑的“一刀切”的做法。在产业发展方面，深澳村依托深厚的历史文化底蕴和丰富的传统建筑资源，开发了“古风古韵”主题旅游产业，促进了当地的经济发展。值得一提的是，深澳村与荻浦村相邻，且同为国家级历史文化名村，两村在农业与旅游业方面联动发展、优势互补，形成了规模旅游经济，为当地村民带来了良好的经济效益。

2. 荻浦村

浙江省桐庐县江南镇荻浦村历史悠久，距今已有近千年的历史，该村文化底蕴丰厚，以孝义文化、古树文化、古造纸文化、古戏曲文化著称，村落内至今保留着多座明清时期的徽派建筑，现存孝子牌坊、申屠氏宗祠等多个文物古迹。这里的民居依塘而建，前门临巷，后门临水，小巷幽深，宁静质朴。作为一个申屠姓聚居的千年古村，荻浦村自古以来就盛行孝义之风，至今仍保留着当地独有的敬老节民俗活动。

在传统村落的保护与发展中，荻浦村实施了古建筑修缮利用、古生态整治提升、古文化挖掘传承、古村落产业经营四大工程，着力打造古风荻浦。荻浦村对旧有民居实施了集中整治，对民居外墙进行统一粉刷，四周用黑色线条勾勒轮廓，窗户按照徽派建筑风格进行装饰，很好地维护了村落的原始风貌。另外，荻浦村还将“青山绿水、田园野趣”转化为促进村落发展的资源优势，大力发展旅游经济，让千年古村焕发了新的活力。例如，荻浦村大胆创新，结合牛栏、猪舍建筑特色，将其改造为咖啡、茶吧，将文艺、小清新这些属于城市人的品质带入乡村，形成了特有的“乡土文艺范”，非常符合现代年轻人的审美情趣。如今，牛栏咖啡、猪舍茶吧已成为荻浦村的一张名片，每年吸引大批游客前来参观。在文化传承方面，荻浦村以生活化的故事为依托，以乡愁为情感基础，以优秀的传统文化为核心，深入挖掘蕴藏在民间的家风家训，充分依托保庆堂开展各项文化活动，如家风家训展示活动、“身边好人”微评议活动等，让百姓在活动参与中感受道德的力量，促进了传统文化的传承与发展。

3. 环溪村

环溪村始建于明代时期，因三面环溪而得名。村内香樟林立、溪流淙淙，一栋栋徽派风格的民居错落有致，环境恬静自然。环溪村是北宋哲学家周敦颐第 14 代后裔的世居地，该村传承周敦颐的《爱莲说》，依托“莲文化”，发展“莲经济”，探索出了一条由“美丽资源”向“美丽经济”转化的新路径。

从整体来看，浙江省桐庐县以全域旅游为理念，将环溪村、深澳村、荻浦村、徐畈村等几个传统村落联合起来，以景区标准建设村落，充分挖掘各传统村落中的古文化，大力发展民宿、农业观光等旅游产业，不仅使传统村落的文化得到了很好的保护与传承，还实现了村落与旅游的融合发展。

4. 新叶村

杭州市建德市大慈岩镇新叶村为促进传统村落的保护与发展也做出了许多努力，下面就对其进行具体分析。

新叶村位于浙江省建德市的东南部，村落主体枕靠玉华山，依连道峰山，距 330 国道和国家级风景名胜区大慈岩“江南悬空寺”景点约 8 千米，离兰溪市诸葛八卦村约 10 千米。该村始建于南宋嘉定元年（1208 年）。从地形地貌上看，新叶村地处金衢盆地北部边缘，板块构造属晚元古代太平洋板块俯冲带。村落周边山岭隶属浙西的千里岗和龙门山系，仙霞岭支脉。村落周围群山环抱，丘陵蜿蜒，在很长的一段时间内属于一个典型的封闭式村落。

新叶村的现实价值主要体现在两个方面。第一，耕读传家，村办书院。新叶村人崇尚读书求学，坚信“耕可富家，读可荣身”的传统思想。明清以来，玉华叶氏族人在村中建成抟云塔、文昌阁、官学堂（居敬轩）等教学用建筑，开设西山祠堂私塾、梅月斋、道峰书院、儒源小学、华山小学、新叶小学、新叶初中等学校，代代相承，培养出了不少国家栋梁。第二，具有江南罕见的明清古建筑群，堪称“中国明清建筑露天博物馆”。村落不仅保留着明清时期建造的祠堂、厅堂，其民居建筑也颇具特色。各宅院房屋的开门、转角、朝向、高矮的布置和天井内青石条板、石柱、牛腿的雕刻，既考虑各自采光、便捷度等因素，与他处一般建筑物不同，又巧妙地统一于每个具体建筑群落中，形成了错综复杂、内涵丰富的建筑结构群落。此外，新叶村还保留着“三月三”等传统民俗活动，具有十分深刻的文化内涵。

建德市的历届领导非常重视新叶古村的保护，特别是建德市文广新局作为具体事务的实施机构做了大量工作。该机构与大慈岩镇、新叶村及文保所紧抓新叶古村被评为“全国重点文物保护单位”和被选为中国传统村落综合保护试点单位的大好机遇，本着对历史负责、对文物负责的高度责任感，一起组织全县实施具体保护项目，逐渐摸索出了一条优秀的乡土建筑保护与城镇化融合发展的实用性做法。首先，建德市确定了“历史真实性、风貌完整性、生活延续性”的总目标。建德市先保护新叶村的核心景区，后整治周边环境，留住和迁出共享，实施了保护、利用、开发同行的方针；以新叶古村为中心，以民俗、文化、休闲、运动、乡村旅游为重点，依托周边环境资源，组建大新叶景区，按照“高起点策划、高水平规划、高强度投入、高标准建设、高效益利用”的思路，打造了融文化、休闲、运动、民俗为一体的休闲文化体验圈，综合发展休闲养生旅游业，努力将古老的新叶村建设成独具特色的新农村。其次，新叶村重点落实了公共建筑和街巷道路的修缮和增补工作，使古村风貌得到了基本恢复。凡古村范围涉及的建筑、文物、环境及古村落所属的山脉、水库、溪流和田地均被纳入保护范围。新叶村的建筑艺术、先贤名士的生平传记、民间小曲等传统文化被同步保留了下来。与此同时，建德市逐步制定和完善了有建德特色的科学保护条规，建立了市、镇、村三级联动的长效管理机制和监督机制，对村里现存的古建筑在充分摸排的基础上实行分级挂牌保护，以保障现有的、已修的乡土建筑不再被毁坏。另外，新叶村整体形象的提升还带动了周边村落对乡土建筑的保护热情，有效促进了相关工作的有序开展，取得了综合性成效。

（三）传统村落保护与发展的启示

杭州市进行的各项传统村落保护与发展举措的启示主要有以下几点（图 7-1）。

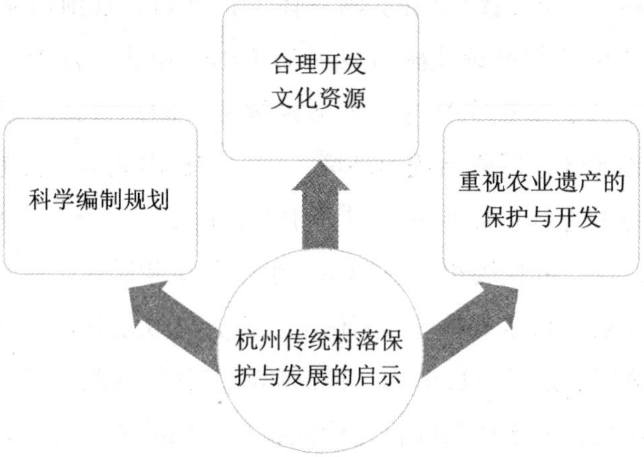

图 7-1 杭州传统村落保护与发展的启示

第一，科学编制规划。政府应注重保护传统村落赖以生存的自然生态，保护传统村落民居鲜明的地域特征，实现自然和文化、物质和非物质、历史和现实的多重保护，并结合传统村落的实际情况，实施与之相对应的保护措施，不做复制建设。同时，政府可以邀请专业人士对传统村落的历史建筑、道路工程、垃圾治理、生活能源、安全防灾等方面给出符合当地实际的科学指导，并将其作为传统村落保护与发展各方面工作的重要参考。针对传统村落民居建筑修缮与维护等现实需要，政府要切实把握复原文化特色和乡土性的关键技术，保护与乡土技艺有关的传统建筑体系和工艺技术，积极扶持传统技艺工匠队伍，并做好当地工艺文化记录、保留和传习，使其在传统村落保护和发展中发挥实际作用。另外，健全监督执法机制也是促进传统村落发展的重要保证。政府相关部门对本行政区的传统村落的保护与发展进行监督管理，对破坏传统格局和历史风貌、违反保护规划相关规定的行为做出相关追责处理，能够从法律层面确保传统村落中具有历史、科学、文化价值的文化遗产得到有效的保护。

第二，合理开发文化资源。结合传统村落拥有的文化资源，发展乡村遗产旅游是一条科学的、可持续的发展道路。从已有的村落旅游发展经验来看，村落中的非物质文化遗产是发展旅游业的基本依托。一座保存完好、拥有较多文化资源的传统村落是吸引人们前来观光旅游的重要方面，因此保护好村落中的非物质文化遗产，维护村落的历史风貌，是发展乡村旅游的基础。政府可以利用传统村落的地域文化优势，充分挖掘传统村落中的文化内涵，并与乡村旅游相结合，开发特色文化创意项目，促进传统村落的活化发展。政府还可以在村落中建立非物质文化遗产展馆、传习所、传承人工作室、戏台等设施，让传承人加入村落传承与发展当中，向游客展示非物质文化遗产，促进特色旅游的发展。

第三，重视农业遗产的保护与开发。合理利用农业遗产是促进传统村落活态发展的重要方法，但前提是维护村落的农业生产环境，保护农业的生活形态。

二、金华市传统村落文化复兴之路

（一）传统村落的基本状况

金华市位于浙中丘陵盆地地区，地理位置优势明显，适合大面积耕作。历史上，人口大规模南迁带来的中原文化与浙江本土的吴越文化在这里相互交融，为当地带来了丰富的文化遗产，如农耕文化、商贸文化、码头文化等。这里的传统村落或依山而建，或傍水而居，既有彰显本土特色的婺派建筑，又有受外来文化影响的徽派民居，风格迥异，特色鲜明，人文底蕴深厚。从国家公布的中国传统村落名录上看，截至 2022 年 12 月，金华市传统村落共计 118 个，其中第一批次 11 个，第二批次 9 个，第三批次 4 个，第四批次 29 个，第五批次 51 个，第六批次 14 个（表 7-2）。从区域分布上看，这些传统村落多集中于兰溪、武义等西南一带，这或与金华市的地形地貌有关。兰溪传统村落大多处于盆地的平原区域，村落周围耕地面积较广，而武义传统村落四周多被山体包围或地处山顶，独特的自然环境为这些传统村落提供了天然的屏障，保护了农耕文化的传承。此外，金华市内的湖泊、水塘数量众多，水运交通的便利惠及了沿岸的城镇，沿兰江发展的兰溪市、沿义乌江发展的义乌市等成为附近各县货物集聚之地，特别是兰溪，由此成为金衢一带的商业中心。

表 7–2　金华市传统村落名录

批　次	村落名录	数量 / 个
第一批次	婺城区汤溪镇寺平村、金东区傅村镇山头下村、永康市前仓镇后吴村、武义县熟溪街道郭洞村、武义县大溪口乡山下鲍村、武义县俞源乡俞源村、浦江县虞宅乡新光村、浦江县白马镇嵩溪村、浦江县郑宅镇郑宅镇区、磐安县双溪乡梓誉村、磐安县尖山镇管头村	11
第二批次	兰溪市女埠街道垷坦村、兰溪市兰江街道姚村村、兰溪市女埠街道渡渎村、兰溪市诸葛镇诸葛村、兰溪市女埠街道虹霓山村、兰溪市诸葛镇长乐村、磐安县盘峰乡榉溪村、磐安县胡宅乡横路村、武义县柳城镇华塘村	9
第三批次	兰溪市黄店镇芝堰村、兰溪市永昌街道社峰村、东阳市巍山镇大爽村、东阳市虎鹿镇蔡宅村	4
第四批次	金东区江东镇雅湖村、兰溪市水亭畲族乡西姜村、兰溪市永昌街道永昌村、永康市石柱镇塘里村、义乌市赤岸镇尚阳村、义乌市义亭镇缸窑村、义乌市赤岸镇朱店村、东阳市巍山镇白坦村、东阳市城东街道李宅村、东阳市虎鹿镇厦程里村、东阳市马宅镇雅坑村、东阳市画水镇天鹅村、东阳市虎鹿镇西坞村、武义县柳城畲族镇橄榄源村、武义县柳城畲族镇梁家山村、武义县柳城畲族镇东西村、武义县柳城畲族镇上黄村、武义县柳城畲族镇金川村、武义县新宅镇上少妃村、武义县桃溪镇陶村、武义县履坦镇范村、浦江县黄宅镇古塘村、浦江县岩头镇礼张村、浦江县仙华街道登高村、浦江县檀溪镇潘周家村、浦江县杭坪镇石宅村、磐安县尖山镇里岙村、浦江县杭坪镇杭坪村、磐安县冷水镇朱山村	29

续　表

批　次	村落名录	数量 / 个
第五批次	金东区澧浦镇蒲塘村、金东区澧浦镇郑店村、金东区澧浦镇琐园村、金东区岭下镇后溪村、金东区岭下镇岭五村、金东区傅村镇畈田蒋村、金东区赤松镇仙桥村、金东区孝顺镇中柔村、婺城区汤溪镇鸽坞塔村、婺城区塔石乡岱上村、婺城区汤溪镇上境村、婺城区汤溪镇上堰头村、婺城区汤溪镇下伊村、兰溪市黄店镇三泉村、兰溪市黄店镇刘家村、兰溪市黄店镇上包村、兰溪市黄店镇桐山后金村、兰溪市黄店镇上唐村、兰溪市永昌街道下孟塘村、兰溪市兰江街道上戴村、兰溪市游埠镇潦溪桥村、兰溪市梅江镇聚仁村、兰溪市诸葛镇厚伦方村、义乌市赤岸镇雅端村、义乌市赤岸镇乔亭村、义乌市赤岸镇东朱村、义乌市赤岸镇雅治街村、义乌市佛堂镇寺前街村、义乌市廿三里街道何宅村、义乌市佛堂镇倍磊村、义乌市义亭镇陇头朱村、义乌市大陈镇红峰村、义乌市义亭镇何店村、东阳市六石街道北后周村、东阳市虎鹿镇葛宅村、东阳市三单乡前田村、东阳市六石街道吴良村、东阳市湖溪镇郭宅村、东阳市巍山镇古渊头村、永康市芝英镇芝英一村、永康市前仓镇大陈村、永康市舟山镇舟二村、武义县柳城畲族镇云溪村、武义县大溪口乡桥头村、武义县白姆乡水阁村、武义县坦洪乡上周村、武义县坦洪乡上坦村、武义县柳城畲族镇乌漱村、武义县柳城畲族镇新塘村、磐安县九和乡三水潭村、磐安县安文街道墨林村	51
第六批次	兰溪市女埠街道女埠村、婺城区塔石乡上阳村、婺城区洋埠镇青阳洪村、永康市芝英镇芝英八村、永康市芝英镇芝英六村、永康市芝英镇芝英四村、婺城区洋埠镇五都钱村、东阳市东阳江镇天山村、婺城区洋埠镇湖前村、婺城区雅畈镇雅畈二村、浦江县仙华街道马墅村、金东区赤松镇雅潘村、磐安县双峰乡大皿村、武义县桃溪镇东垄村	14

第一批数据来源：中华人民共和国住房和城乡建设部官网（https://www.mohurd.gov.cn/gongkai/zhengce/zhengcefilelib/201212/20121219_212340.html）。

第二批数据来源：中华人民共和国住房和城乡建设部官网（https://www.mohurd.gov.cn/gongkai/zhengce/zhengcefilelib/201308/20130830_214900.html）。

第三批数据来源：中华人民共和国住房和城乡建设部官网（https://www.mohurd.gov.cn/gongkai/zhengce/zhengcefilelib/201412/20141203_219694.html）。

第四批数据来源：中华人民共和国住房和城乡建设部官网（https://www.mohurd.gov.cn/gongkai/zhengce/zhengcefilelib/201612/20161222_230060.html）。

第五批数据来源：中华人民共和国中央人民政府官网（https://www.gov.cn/zhengce/zhengceku/2019-09/29/content_5434777.htm）。

第六批数据来源：中华人民共和国中央人民政府官网（https://www.gov.cn/zhengce/zhengceku/2023-03/21/content_5747708.htm）。

这些传统村落不仅具有优美的自然风光，还蕴含着丰富的历史文化信息。在传统文化理念的影响下，这些传统村落建有许多独具特色的宗祠、书院等建筑，其建筑形式、装饰工艺等方面体现着重教尚礼的淳朴民风和耕读文化。比如，琐园村历经岁月风雨，仍保存有旌节石牌坊、严氏宗祠、务本堂、怀德堂、聚义厅等多座明末清初古建筑，是金华规模较大的古建筑群之一，具有金衢地区民居特色。又如，山头下村古村落规模较大，建筑类型丰富，文化底蕴深厚，自古崇文重教，文风昌盛，优秀的非物质文物遗产与村落形成有机的整体，既构成完整的、富有特色的传统村落形态，也生动地展现了传统乡村生活体系。此外，寺平村位于金衢盆地中部地区，现保存较为完整的厅堂共 8 座，这些明清古建筑的门面镶嵌着数以千计的砖雕，多刻有飞禽走兽、戏剧人物等图案，工艺精美，具有很高的研究价值。

金华市在漫长的历史过程中逐渐积累和发展起来的地方文化还被称为“婺文化”。在历史发展的过程中，受地理位置的影响，婺文化不断地与外界进行文化交流，这决定了婺文化善于融合其他地方文化，兼容并蓄，不断丰富自己的文化内涵。作为金华传统精神的载体，婺文化内容丰富，不仅包括有形的物质文化，如古建筑文化、戏曲文化等，还包括无形的精神文化，如朴实勤劳、自主自强、求真务实、崇尚正气等，这些精神文化不仅反映着当地的文化特色，还极大地推动了金华的发展。

总体来看，金华市传统村落在文化遗产方面的特征主要包括以下三点：一是在物质文化方面，金华市传统村落符合江南传统村落的自然条件；二是在社会文化方面，金华市传统村落延续着“晴耕雨读”的江南生活方式；三是在人文文化方面，金华市传统村落传承着以吴风越俗为主体的人文文化谱系。

（二）传统村落保护与发展的措施

金华市有关部门在传统村落的保护与发展上发挥传统文化优势，集中资金与力量，统筹推进村庄整治、民房改造、传统建筑保护、非物质文化遗产保护等各项工作，走出了一条传统文化复兴之路。

近年来，金华市将传统村落的保护与发展放在重要位置，并将其与新农村建设和城乡统筹发展相结合，制订专门的管理规划，建立专项资金，充分激发民众参与传统村落保护的热情。随着当地民众民族文化意识的提高，金华市大力开展农村文化礼堂建设，致力打造集教育、娱乐、礼仪于一身的农村公共空间。这种做法有助于打造民众的精神家园，实现村民精神富有，使农村分散的文化资源得以整合，为传承传统文化、塑造乡风文明和提高民众素养提供了重要的平台。在此背景下，金东区传统村落琐园村将严氏宗祠打造成文化礼堂，分别设置文化馆、艺术馆、名人馆等不同的文化场所，供村民和游客观摩学习。

在金华市，古村落村民的旅游意识和保护古民居、传承传统文化的意识不断加强，如诸葛八卦村、俞源太极星象村等传统村落依托旅游资源，在旅游规划开发、旅游服务配套设施等方面取得了突破性进展。其中，诸葛八卦村在“保护古村落，开发旅游，发展经济”的原则下，采用村民入股的方式筹集初始资金，以滚动开发的发展模式对村内的古建筑进行修复并逐步开放，使传统文化得到了延续与发展。在旅游开发初期，村内以传统建筑为重点，带动所在片区的旅游发展，并将旅游所得的专项资金用于建筑修复，形成了以文物为旅游发展之基，以旅游反哺文物保护的良性循环。同时，随着旅游开发规模的扩大，诸葛八卦村越来越意识到保护村内的物质文化遗产与非物质文化遗产的重要性，并根据村落的实际情况制定了具体的保护措施和村规民约，使村落的古建筑、传统文化得到了系统性保护。除保护物质文化之外，诸葛八卦村还注重非物质文化遗产的传承，农耕文化、医药文化等特色文化不仅在诸葛八卦村得到了有效传承，展现当地文化的民俗活动也被作为重点保护对象，在诸葛八卦村得到了恢复与发展，传统的后裔祭祖、元宵板凳龙等活动成为村落的一大亮点。另外，诸葛八卦村除定期对从事旅游业的村民进行专业技能培训外，还组织各类精神文化、种植养殖等方面的讲座，将各类培训纳入村集体建设活动中，丰富了村民的精神文化生活，走出了一条独具特色的文化复兴之路。

又如，婺城区寺平村位于金华西部，村中古宅厅堂清逸秀丽，长弄蜿蜒，阡陌纵横，木雕砖刻，移步换景，砖瓦栋梁异彩纷呈，展示着历史交融的古村文化，体现着传统村落的思想高度和精神厚度。寺平村本身具有较浓厚的文化氛围，其主要文化底色为戴氏文化、砖雕文化、木雕文化。该村还结合本地特色文化推出了“中国名校留学生寺平古村欢度春节”活动，通过邀请外国留学生体验传统年节的方式传播当地文化。

磐安县榉溪村位于浙江省金华市磐安县南部，始建于南宋初期，是孔子后裔的聚居地之一，被称为婺州“孔文化”中心。该村古称桂川、榉川，四周群山环绕，山川秀丽。村内孔氏后人既传承了古老的孔家文化，谨遵祖训、崇学明礼，又吃苦耐劳、创业创新，不失时机地利用孔庙古迹将古村落打造成风景名胜，使时尚与传统在这里完美融合。为弘扬民族文化，该村投资 5 万余元，重修孔端躬墓，在墓旁建亭榭。此外，该村自 1972 年至 1991 年在村内及村庄前后建石桥 12 座，其中水口桥的建设别具风格，成为村庄的人文景观。

在当前经济发展过程中，文化是一个区域发展的精髓，旅游是一个区域发展的重要表现，经济则是文化和旅游发展的重要动力。金华市诸多传统村落以文促旅、以旅兴商，在深入挖掘村落历史文化的基础上加强历史文化建设，打造乡村品牌，创设商业环境，有效地促进了传统村落文化与旅游的融合发展。这些传统村落在大力发展乡村旅游业的过程中体现出了全新的文化价值，打响了“文化牌”。

金华市在传统村落非物质文化遗产保护方面也做出了许多有益的探索。金华市在“保护为主、抢救第一、合理利用、传承发展”基本方针的指导下，积极推进传统村落各项非物质文化遗产项目的保护与传承工作，重点培养传承人，并取得了较好的效果。金华市全面摸排传统村落非物质文化遗产的各个项目，根据不同的项目特点制订了具有针对性的保护计划，加大了对濒危项目的抢救和保护工作力度，有重点、有系统地开展各项非物质文化遗产保护工作。同时，金华市建立了科学规范的传承人申报、认定、管理机制，对表现出色的传承人予以表彰和奖励，促进了带徒授艺工作的有序进行。

（三）传统村落保护与发展的启示

金华市传统村落保护与发展的启示主要有以下几点（图 7-2）。

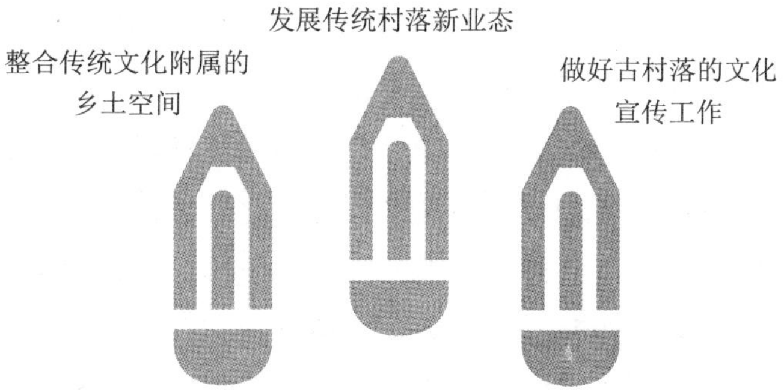

图 7-2　金华市传统村落保护与发展的启示

第一，整合传统文化附属的乡土空间。政府要充分考虑传统村落的可持续性发展，先从宏观上考虑村落产业的差异化和内生秩序，尊重地方性特色，从环境整治、资源利用、生态修复等方面认同传统村落文化的当代价值。在对传统村落的文化空间进行改造时，政府要注重对传统村落原有空间的保护，特别是对那些极具文化代表性的地标建筑进行妥善修复。对于村落内原有的传统文化活动，政府不仅要坚持定期举办，还要对其进行系统化的改造，追溯其发展源流，深挖其文化价值，进一步扩大其文化影响力。另外，政府还可以依托当地文化特色，积极拓展新型的文化活动，如金华市依托“海外名校学子走进金华古村落”活动，向世界展示了金华传统村落的文化特色，助力了传统村落的文化复兴。

第二，发展传统村落新业态。经济发展是实施传统村落文化保护与传承的基础。政府应根据传统村落的自然景观和文化资源等客观条件，对传统村落的发展方向进行准确定位，并依据村落的发展定位深入挖掘文化内涵，探索多种新型业态。比如，传统村落在传统建筑、民俗活动等方面具有一定的独特性，政府可以将文创产业与旅游产业进行有效融合，促进传统村落旅游业的发展。一方面，政府应以市场需求为导向，借助传统村落的文化元素开发特色文化创意产品；另一方面，政府要因地制宜地发展传统村落的新业态，以不同产业为支柱，在传统村落固有生产模式的基础上，结合当地特色，以旅游促发展，以经济促保护。

第三，做好古村落的文化宣传工作。除了常用的信息传播渠道如官方网站、大型门户网站等，政府还可以利用各种新媒体平台加大文化保护宣传力度，如短视频、微信公众平台等。此外，政府还应采取必要的措施扩大传统村落文化的传播范围，拓宽传统村落文化的传播途径。传统村落文化主要通过两种形式体现：一种是现实存在的物质文化，即人们通常所说的饮食文化、居住文化和生产文化等，这类物质文化主要通过物质实体加以传播；另一种是无形的文化，即非物质文化，这类文化通常通过口头讲述和亲身体验等方式来表现与传承。为促进传统村落文化的进一步发展与传播，政府应坚持走出去和引进来的基本原则：一方面，政府可以通过挖掘传统村落中的家规家训、举办传统村落学术研讨会等活动让传统村落中的文化基因得以展现，让传统村落的影响力走出地区、走出中国；另一方面，政府可以通过举办旅游节、邀请海外学子走进古村落等活动，吸引多元旅游人群到古村落，将古村落的文化传播出去。当然，要实现这一目的，政府要充分发挥主导作用，实施对传统村落资源的整合保护，塑造传统村落的文化形象并增强其文化内涵，形成传统村落品牌效应。

总之，传统村落在漫长的历史进程中积淀了大量丰富的物质文化遗产和非物质文化遗产，当地政府只有利用好、发展好、传播好传统村落的文化价值，才能使传统村落在保持自身地域特色的基础上实现文化产业的发展，在扩大自身文化影响力的同时获得经济发展。

三、丽水市传统村落生态发展之路

（一）传统村落的基本状况

丽水市位于浙江省西南部，东与温州市、台州市接壤，西与衢州市相连，南与福建省宁德市、南平市毗邻，北与金华市接界。从地形地貌上看，丽水市地势由西南向东北倾斜，西南部以中山为主，间有低山、丘陵和山间谷地，东北部以低山为主，间有中山及河谷盆地，属中亚热带季风气候。丽水自然资源丰富，生态环境优越，被誉为“浙江绿谷”“浙南林海”。丽水是瓯江、钱塘江、飞云江、椒江、闽江、赛江六大水系的发源地，其水系与山脉平行，溪流纵横，源短流急，两岸地形险峻，水位落差较大。丽水的生态气候条件优越，自然生态环境是其发展的基础。为把生态优势从资源优势转化为经济优势和产业优势，把生态资源转化为生态资本、生态生产力，丽水市着力推进新型工业化、新型城市化和社会主义新农村建设，生态环保型工业的建设模式得到推广，高效生态农业成为农村经济的重要增长点，以旅游业为龙头的第三产业发展迅猛。

截至 2022 年 12 月，丽水共有 243 个传统村落被列入中国传统村落名录，其中第一批次 9 个，第二批次 12 个，第三批次 56 个，第四批次 56 个，第五批次 99 个，第六批次 11 个，具体名单如表 7-3 所示。

表 7-3　丽水市传统村落名录

批　次	村落名录	数量 / 个
第一批次	缙云县新建镇河阳村、景宁畲族自治县大漈乡西一村、龙泉市城北乡上田村、龙泉市兰巨乡官浦垟村、龙泉市西街街道宫头村、龙泉市小梅镇大窑村、龙泉市小梅镇金村村、遂昌县焦滩乡独山村、庆元县濛洲街道大济村	9
第二批次	青田县阜山乡安店村、松阳县古市镇山下阳村、松阳县象溪镇靖居村、松阳县大东坝镇六村村、松阳县大东坝镇横樟村、松阳县望松街道吴弄村、松阳县三都乡杨家堂村、松阳县三都乡周山头村、松阳县赤寿乡界首村、龙泉市西街街道下樟村、龙泉市安仁镇季山头村、龙泉市道太乡锦安村	12
第三批次	莲都区雅溪镇西溪村、缙云县壶镇镇岩下村、松阳县西屏街道桐溪村、松阳县水南街道桥头村、松阳县玉岩镇白麻山村、松阳县玉岩镇大岭脚村、松阳县玉岩镇交塘村、松阳县象溪镇南州村、松阳县象溪镇雅溪口村、松阳县大东坝镇后宅村、松阳县大东坝镇燕田村、松阳县大东坝镇洋坑埠头村、松阳县新兴镇官岭村、松阳县新兴镇平卿村、松阳县新兴镇山甫村、松阳县新兴镇朱山村、松阳县新兴镇庄后村、松阳县叶村乡岱头村、松阳县叶村乡横坑村、松阳县叶村乡南岱村、松阳县斋坛乡吊坛村、松阳县斋坛乡上坌村、松阳县三都乡呈回村、松阳县三都乡黄岭根村、松阳县三都乡毛源村、松阳县三都乡上庄村、松阳县三都乡松庄村、松阳县三都乡尹源村、松阳县三都乡酉田村、松阳县三都乡紫草村、松阳县竹源乡横岗村、松阳县竹源乡后畲村、松阳县竹源乡黄上村、	56

续 表

批 次	村落名录	数量 / 个
	松阳县四都乡陈家铺村、松阳县四都乡平田村、松阳县四都乡塘后村、松阳县四都乡西坑村、松阳县赤寿乡黄山头村、松阳县樟溪乡黄田村、松阳县樟溪乡球坑村、松阳县枫坪乡梨树下村、松阳县枫坪乡沿坑岭头村、松阳县板桥畲族乡张山村、松阳县安民乡安岱后村、云和县元和街道包山村、云和县元和街道梅垮村、云和县石塘镇桑岭村、云和县崇头镇坑根村、云和县崇头镇沙铺村、景宁畲族自治县梧桐乡高演村、龙泉市塔石乡南弄村、龙泉市安仁镇大舍村、龙泉市屏南镇车盘坑村、龙泉市龙南乡蛟垟村、龙泉市龙南乡下田村、龙泉市龙南乡垟尾村	
第四批次	莲都区雅溪镇西溪村、缙云县壶镇镇岩下村、松阳县西屏街道桐溪村、松阳县水南街道桥头村、松阳县玉岩镇白麻山村、松阳县玉岩镇大岭脚村、松阳县玉岩镇交塘村、松阳县象溪镇南州村、松阳县象溪镇雅溪口村、松阳县大东坝镇后宅村、松阳县大东坝镇燕田村、松阳县大东坝镇洋坑埠头村、松阳县新兴镇官岭村、松阳县新兴镇平卿村、松阳县新兴镇山甫村、松阳县新兴镇朱山村、松阳县新兴镇庄后村、松阳县叶村乡岱头村、松阳县叶村乡横坑村、松阳县叶村乡南岱村、松阳县斋坛乡吊坛村、松阳县斋坛乡上坌村、松阳县三都乡呈回村、松阳县三都乡黄岭根村、松阳县三都乡毛源村、松阳县三都乡上庄村、松阳县三都乡松庄村、松阳县三都乡尹源村、松阳县三都乡酉田村、松阳县三都乡紫草村、松阳县竹源乡横岗村、松阳县竹源乡后畲村、松阳县竹源乡黄上村、松阳县四都乡陈家铺村、松阳县四都乡平田村、松阳县四都乡塘后村、松阳县四都乡西坑村、松阳县赤寿乡黄山头村、松阳县樟溪乡黄田村、松阳县樟溪乡球坑村、松阳县枫坪乡梨树下村、松阳县枫坪乡沿坑岭头村、松阳县板桥畲族乡张山村、松阳县安民乡安岱后村、云和县元和街道包山村、云和县元和街道梅垮村、云和县石塘镇桑岭村、云和县崇头镇坑根村、云和县崇头镇沙铺村、景宁畲族自治县梧桐乡高演村、	56

续 表

批 次	村落名录	数量 / 个
	龙泉市塔石乡南弄村、龙泉市安仁镇大舍村、龙泉市屏南镇车盘坑村、龙泉市龙南乡蛟垟村、龙泉市龙南乡下田村、龙泉市龙南乡垟尾村	
第五批次	莲都区碧湖镇联济村联济村、莲都区老竹镇梁村村、莲都区仙渡乡梅田村、莲都区峰源乡庞山村西坑村、缙云县新碧街道黄碧村村、缙云县壶镇镇岩背村、缙云县壶镇镇金竹村、缙云县胡源乡胡村村、遂昌县妙高街道仙岩村（汤山头村、阴坑村）、遂昌县北界镇苏村村、遂昌县大柘镇车前村、遂昌县石练镇柳村村、遂昌县黄沙腰镇大洞源村、遂昌县黄沙腰镇黄沙腰村、遂昌县濂竹乡大竹小岱村小岱村、遂昌县濂竹乡横坑村、遂昌县濂竹乡千义坑村、遂昌县濂竹乡治岭头村、遂昌县高坪乡茶树坪村、遂昌县高坪乡淡竹村、遂昌县湖山乡三归村大畈村、遂昌县湖山乡奕山村、遂昌县蔡源乡蔡和村、遂昌县西畈乡举淤口村、遂昌县垵口乡徐村村、松阳县大东坝镇七村、松阳县三都乡里庄村、松阳县三都乡上源村、松阳县裕溪乡凤弄源村、云和县崇头镇叶山头村、云和县崇头镇坑下村、云和县安溪乡黄处村、庆元县贤良镇黄淤村黄坛村、庆元县张村乡岙头村、庆元县江根乡坝头村、庆元县江根乡箬坑村、庆元县龙溪乡转水村、庆元县龙溪乡鱼川村、庆元县龙溪乡冯家山村、庆元县龙溪乡岙里村、景宁畲族自治县红星街道岗石村、景宁畲族自治县红星街道金包山村、景宁畲族自治县鹤溪街道鹤溪村、景宁畲族自治县渤海镇安亭村、景宁畲族自治县东坑镇深垟村、景宁畲族自治县东坑镇徐砻村、景宁畲族自治县东坑镇章坑村、景宁畲族自治县东坑镇大张坑村、景宁畲族自治县东坑镇茗源村、景宁畲族自治县英川镇英川村、景宁畲族自治县英川镇董川村、景宁畲族自治县英川镇黄谢圩村、景宁畲族自治县英川镇梅漈村、景宁畲族自治县英川镇王宅村、景宁畲族自治县英川镇跃垟村、景宁畲族自治县沙湾镇七里村、景宁畲族自治县沙湾镇道化村、景宁畲族自治县沙湾镇何处村、景宁畲族自治县沙湾镇季庄村、景宁畲族自治县沙湾镇李处村、	99

续 表

批 次	村落名录	数量 / 个
	景宁畲族自治县沙湾镇小地村、景宁畲族自治县沙湾镇叶桥村、景宁畲族自治县沙湾镇张庄村、景宁畲族自治县大均乡大均村、景宁畲族自治县大均乡李宝村、景宁畲族自治县澄照乡金丘村、景宁畲族自治县澄照乡漈头村、景宁畲族自治县大漈乡小佐村、景宁畲族自治县景南乡东垟村、景宁畲族自治县雁溪乡雁溪村、景宁畲族自治县鸬鹚乡鸬鹚村、景宁畲族自治县鸬鹚乡仁字坑村、景宁畲族自治县鸬鹚乡山下村、景宁畲族自治县鸬鹚乡印章村、景宁畲族自治县鸬鹚乡驮戥村、景宁畲族自治县鸬鹚乡徐崇村、景宁畲族自治县标溪乡标溪村、景宁畲族自治县标溪乡叶谢村、景宁畲族自治县毛垟乡毛垟村、景宁畲族自治县毛垟乡陈坪村、景宁畲族自治县毛垟乡炉西村、景宁畲族自治县毛垟乡上沙湾村、景宁畲族自治县秋炉乡秋炉村、景宁畲族自治县秋炉乡新塘垟村、景宁畲族自治县大地乡驮垟村、景宁畲族自治县大地乡张坑村、景宁畲族自治县九龙乡高沈村、龙泉市剑池街道周际村、龙泉市住龙镇西井村、龙泉市屏南镇库租坑村、龙泉市屏南镇上畲村、龙泉市屏南镇地畲村、龙泉市屏南镇南垟村、龙泉市竹垟畲族乡盖竹村、龙泉市道太乡外翁村、龙泉市道太乡荷上畈村、龙泉市城北乡内双溪村、龙泉市龙南乡龙井村、龙泉市龙南乡兴源村	
第六批次	庆元县百山祖镇三堆村、缙云县新碧街道宅基村、松阳县赤寿乡赤岸村、龙泉市龙渊街道石马村、松阳县裕溪乡联溪村、缙云县壶镇镇唐市村、景宁畲族自治县鸬鹚乡葛山村、缙云县七里乡型坑村、丽水市松阳县裕溪乡霭溪村、庆元县百山祖镇黄水村、云和县崇头镇黄家畲村	11

第一批数据来源：中华人民共和国住房和城乡建设部官网（https://www.mohurd.gov.cn/gongkai/zhengce/zhengcefilelib/201212/20121219_212340.html）。

第二批数据来源：中华人民共和国住房和城乡建设部官网（https://www.mohurd.gov.cn/gongkai/zhengce/zhengcefilelib/201308/20130830_214900.html）。

第三批数据来源：中华人民共和国住房和城乡建设部官网（https://www.mohurd.

gov.cn/gongkai/zhengce/zhengcefilelib/201412/20141203_219694.html）。

第四批数据来源：中华人民共和国住房和城乡建设部官网（https://www.mohurd.gov.cn/gongkai/zhengce/zhengcefilelib/201612/20161222_230060.html）。

第五批数据来源：中华人民共和国中央人民政府官网（https://www.gov.cn/zhengce/zhengceku/2019-09/29/content_5434777.htm）。

第六批数据来源：中华人民共和国中央人民政府官网（https://www.gov.cn/zhengce/zhengceku/2023-03/21/content_5747708.htm）。

这些传统村落的空间布局主要受自然环境、社会经济、历史文化等因素的影响。

从整体上看，丽水传统村落多呈集聚型分布，集中于松阳县、景宁畲族自治县和龙泉市的山区地带，呈西南向东北走向，并分别延伸至西北部、西南部和东北部。水系的源头和下游及平原分布相对集中，仅水系中段分布较少。这种现象的成因是该地区可能受到洪涝灾害的影响，出于安全考虑，村落选址基本分布在远离水系、海拔较高的山地区域。

从建筑风格上看，受山地地形、山区传统民俗和周边地区文化等因素的影响，丽水传统村落中的建筑呈现出不同的风格特征：北部的松阳、遂昌、缙云等地因与金衢交界，其传统建筑多类似徽派，营建工艺、装饰风格和木雕技艺有徽派建筑的影子，如广泛采用砖、木、石雕；中部的龙泉、莲都、云和等地也多是徽派建筑风格；南部的庆元、景宁等地因与福建接壤，其建筑风格更接近闽派，单体建筑规模宏大精细。

从传统文化上看，丽水的传统村落在历史发展进程中逐渐形成了书院文化、廊桥文化、畲族文化、剑瓷文化等特色文化。其中，庆元的大济村历代尊师重教、崇文尚礼，人才辈出，被誉为“进士村”。该村完整地保留着明清古居、木屋廊桥、金甃街、古井、古地道、卢福神庙、吴氏宗祠等古迹，是丽水重视教育、重视文化传承的集中体现。此外，松阳界首村的女子书院、遂昌长濂村的鞍山书院等建筑也在一定程度上证明了丽水的传统村落具有深厚的文化底蕴。在丽水，依水而建的传统村落还有着特色的廊桥文化。庆元县的传统村落便是廊桥文化的主要发祥地，廊桥不仅是庆元古代劳动人民智慧的结晶，其派生出的廊桥文化更是珍贵的世界文化遗产。庆元廊桥不仅在营造技术上独树一帜，还有着深厚的文化底蕴，保留着特殊的历史印记和民间故事，由此派生出来的桥记、题字、雕刻等文化遗产也异常丰富。由于当地民众悉心保护，目前庆元仍保留着多座古廊桥。近些年，随着各种廊桥文化节活动的举办、廊桥博物馆的建立，庆元廊桥文化得到了很好的传承与发展。

从生态环境上看，丽水的传统村落大多依山傍水，体现着人与自然和谐相处的生态理念。比如，缙云县岩下村被群山和竹海包围，因处苍岭岩峣的“百丈岩”下而得名。村内房屋毗邻，朝向多依溪而定，形成了以溪水走向为基准的街巷基本形态。总之，丽水大多数传统村落依山傍水、山水环绕，形成了依山就势、傍水而居的自然聚居空间形态，体现着传统村落与自然山水格局的和谐统一，具有较高的生态人居价值。

（二）传统村落保护与发展的措施

近些年，丽水市依托生态环境，在传统村落的保护与利用方面做出了许多有益探索，不仅综合考虑传统村落的可利用价值，还在“两山”理念的指引下深化“千村示范、万村整治”工程，并取得了阶段性的突破，走出了一条生态发展之路。

丽水市启动了全市域传统村落保护行动方案，组织相关部门落实传统村落中文化资源的基础摸排，并逐步落实石仓乡土建筑、处州廊桥等修缮工程，推进特色民间博物馆建设，这些措施为促进传统村落的发展奠定了良好的基础。

丽水市立足全域生态和特色人文资源，助力全域旅游产品的开发，形成了具有江南山水特色的休闲度假产品体系和具有瓯越人文特质的旅游产品体系。在此基础上，丽水注重传统村落与旅游产业的深度融合，积极发展传统村落的一二三产业，并将其与农旅产业相融合，极大地促进了新型城镇化的建设与发展。丽水市莲都区大港头、堰头等传统村落组成的农旅小镇“古堰画乡”模式打响了传统村落产业融合发展的“第一枪”。作为丽水“旅游+小镇”模式的探路者，古堰画乡景区交通便捷、山水秀丽、风光旖旎，不仅是国家级生态示范区，还是中国摄影家协会命名的第一个“摄影之乡”的主要创作基地和丽水巴比松油画的发祥地，堪称“秀山丽水”之典范。这种多产业融合发展的模式促进了传统村落的经济发展。随后，以白莲节、桃花节等为载体的系列农事活动成了丽水“旅游+农业”的创新点，以畲族风情、摄影、特色民宿、乡村春晚等为内容的文化活动成了丽水“旅游+文化”“旅游+民宿”等传统村落产业不断融合发展的助推器。此外，丽水传统村落依托独特的自然环境，形成了“丽水山居”发展理念，以遂昌高坪乡、景宁大漈乡等为代表的民宿特色乡镇不断涌现，一座座小而美的民宿犹如一朵朵七彩莲花绽放于秀山丽水的山野阡陌、茶园古道、幽静峡谷之中，成为生态惠民的生动诠释。由此可见，文化旅游与民宿经济的融合发展带动了传统村落经济的快速发展。

松阳县作为中国传统村落保护发展示范县，其做法值得人们学习与深思。松阳地处浙西山区，瓯江上游，始建于东汉建安四年（199年），至今仍保留着较为完整的耕读文化，留存着丰厚瑰丽的非物质文化遗产，是国家级历史文化名镇。松阳县的传统村落数量众多，空间格局完整，是松阳县特殊的组成部分。为了使传统村落得到更为有效的保护与发展，松阳县积极探索了一条生态引领的美丽乡村建设之路。比如，松阳县以保护为基础，重点对杨家堂村自然环境、历史建筑和传统空间格局的原真性实施整体保护，同时协调村落历史资源、自然生态环境、居民生活和保护与发展之间的关系。松阳县塘后村在具体落实中以“生态休闲体验园”模式为核心，在产业融合的基础上对传统村落内的物质空间和非物质文化遗产进行保护与更新。松阳县塘后村坚持最小干预原则和可逆性原则，采用原工艺、原材料、原技术对文物建筑实施修缮工作，不改变建筑的原有风貌。松阳县塘后村对非物质文化建筑采用“分级保护”

模式，一方面修复和维护历史建筑，另一方面对与原有风貌不协调的建筑进行拆除，并在原址上设置绿化、景观等。松阳县塘后村以“微介入”的手段对村落的街巷空间和道路功能进行更新，在街巷竖向形态方面利用踏步或坡道对可达性较差的街道进行改造，使之成为无障碍通道，在街巷尺度方面则根据街巷功能做出适当调整与改善。松阳县塘后村针对乡村旅游可利用的传统建筑空间实施就地改造方案，对其中三合院形制、两层建筑的传统民居，在整体产业功能布局的基础上，将其功能转化为“茶工厂体验博物馆”，同时结合地形的差异，将公共建筑改造为“平台农耕博物馆手工作坊”，将单一居住民居转化为复合型民俗、休闲体验场所。

松阳县独特的自然环境为农作物生长、农产品加工及休闲观光农业的发展奠定了基础，也为传统村落的发展提供了多种可能。松阳县农业以茶叶产业为核心，以畜禽、蔬菜、食用菌、水果、休闲农业等六大产业为主导，与此同时，相关地区的个体经营户充分发挥主动性，凭借现代电子商务销售模式，利用古村落优势，依托“古村落原生态”的品牌，将农产品和古村落相结合，不仅有效解决了农产品的销售难题，还激活了传统村落的发展活力，为其他文化产业的发展提供了重要的物质基础。

松阳县努力保护传统村落原真自然的生活环境，提倡绿色健康的饮食方式，倡导低碳养生的健身方式，建设了以松阴溪为核心的松古平原绿道体系。同时，松阳县着力建立生态循环链，开展垃圾分类，建设绿色建筑，积极打造一种简约、质朴、生态、低碳的乡村生活。松阳县还依托松阴溪绿道及万亩茶园举办浙江省山地自行车系列公开赛，借助良好的村落古道系统，与中国登山协会合作开展全国山地竞速挑战赛，实现了人文与生态的有机融合。

缙云县岩下村地处括苍山西端苍岭段山腰的丘间平畈，距县城约 40 千米，平均海拔 600 多米，村舍呈点状散列。村庄位置独特，山水交融，村东是悬崖似削的百丈岩，仰望绝顶似平峰一片，苍松郁郁，村西山谓

“双狮山”，重峦叠嶂，千峰凝翠，两山夹峙，平峡幽谷，村庄、田野、田园交错，生态环境优美。

景宁畲族自治县大均乡发挥自身生态优势，本着“唱好山哈歌，描绘山水画，保护饮水源，建设新农村”的发展战略，实施种、养、文化、休闲四业并举，形成了小水利、竹笋两用林、中药材、特色养殖、生态旅游等支柱产业发展格局。同时，大均乡在全国范围内率先完成了生态系统生产总值（gross ecosystem product，GEP）核算，探索建立基于 GEP 核算评估的生态产品机制，推出“两山”转化金融业服务站，让村民切实享受 GEP 工作带来的政策红利，提高了村民的生态保护意识和价值转化意识。大均乡进一步发挥生态优势和文化优势，通过搭建平台、创立品牌等措施加快打造全域旅游产业，大力推进畲族文化传统和水域经济价值转化，产业振兴和生态保护效果逐渐显现出来。

（三）传统村落保护与发展的启示

丽水市传统村落保护与发展的启示主要有以下几点（图 7-3）。

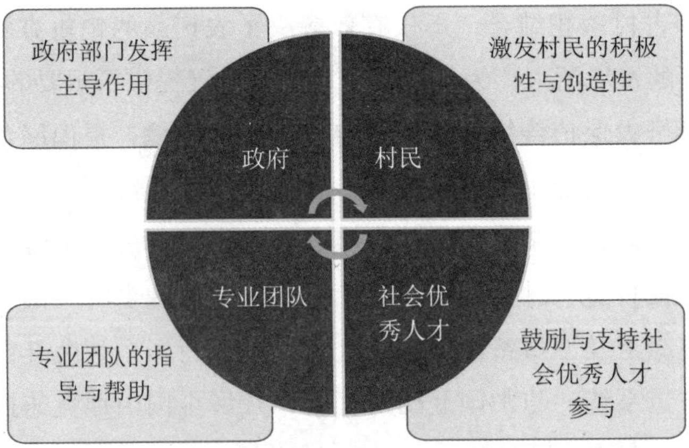

图 7-3　丽水市传统村落保护与发展的启示

1. 政府部门发挥主导作用

要想实现传统村落的保护与发展，传统村落必须保持相对稳定的生态环境格局。政府要充分发挥自身的主导作用，统筹各方面力量，对传统村落自然生态的维护与利用有责任感和使命感，在尊重传统村落与自然环境之间的关系的前提下，运用必要的生态智慧对威胁传统村落生存与发展的不良生态环境进行适度的干预，准确把握实现路径，精准发力。为维护传统村落良好的自然生态环境，政府可以在村落周边适当补植本土树种，丰富植物群落的层次，维持生物多样性。同时，政府应注重传统村落空间与生态环境的有机融合，营造良好的宜居环境，以规划控制、政策保障、示范引领、教育培训等方面为切入点，积极推动传统村落生态保护。

2. 专业团队的指导与帮助

传统村落不仅为人类提供了一定的生活空间，还承载着独特的地域文化。因此，政府对传统村落的保护不能改变其原有的空间肌理，而要在尊重传统村落原有空间格局的基础上进行有机更新。这需要专业团队的指导与帮助。政府可引进专业团队重新梳理传统村落的空间要素，评估场所环境，收集并整合保护价值较高的街巷、广场、庭院等场所，保证传统村落风貌上的历史性与时代性、生活空间上的整体性与多样性的协调统一。

3. 鼓励与支持社会优秀人才参与

传统村落的保护与发展离不开优秀人才的参与。政府要吸引有乡村情怀的优秀人才参与到传统村落的建设当中。农业用地是传统村落赖以生存的根本保障，也是村民开展各项生产活动的重要载体。政府应发挥人才优势，长远地考虑乡村业态培育问题，从促进传统村落农业发展入手，优化村落产业结构，合理配置各项生态资源，实现业态与乡村资源、文化底蕴的有机衔接。

4. 激发村民的积极性与创造性

村民是传统村落保护与发展的主体，村民积极地投入传统村落的保护与发展中，对促进传统村落的保护与发展起着重要作用。在传统村落的保护与发展工作中，政府应充分发动群众，依靠群众，开启民智，发挥民力。只有发挥群众的主体作用，传统村落的保护与发展才具有一定的持久性和可行性。

第二节　陕西传统村落的保护与发展措施

一、陕西传统村落概况

（一）概述

陕西位于我国内陆腹地，地势南北高、中间低，由高原、山地、平原和盆地等多种地貌构成。优越的地理条件、得天独厚的自然环境使得陕西这片区域早在仰韶文化时期就出现了村落，后随着农业文明的产生与发展，陕西凭借适宜农业生产的生存环境及丰富的物产资源，一度成为古代帝王建都的首选之地，并在很长的一段历史时期内是我国政治、经济和文化的中心。在此背景下，陕西的传统村落大多浓缩着当地的历史发展历程，体现着一定的地域特色和独特的文化价值。多个传统村落还发掘有旧、新石器时代遗址，如榆林佳县的木头峪村、榆林横山区的贾大峁村、渭南韩城市的周原村等，这充分说明原始文明时期陕西就已经形成许多乡村聚落的雏形。

陕西省与山西省、甘肃省、四川省及内蒙古自治区相接，横跨黄河、长江两大流域，不仅拥有丰富的动植物资源、矿产资源，还具有多样的气候特征，其中陕北北部长城沿线属中温带气候，关中及陕北大部属暖温带气候，陕南属北亚热带气候。根据地貌特征的不同，陕西可分为三大自然区域：北部的黄土高原、中部的关中平原和南部的秦巴山区。古人根据所在地的地理环境，因地制宜地营造居住场所，形成了黄土高原以窑洞为主、关中平原以砖瓦房为主、秦巴山区以石板房和木板房为主的传统建筑，使得陕西各地传统村落的建筑形态及周边环境具有鲜明的文化特色。由于地形地貌的不同，即便是同一区域的传统村落，在街道走向、建筑布局等空间形态方面也有着较大差异。表 7-4 列举了陕南地区处于不同地理环境中的传统村落在村落选址、平面形态、街巷格局等方面的差异。

表 7-4　陕南传统村落空间形态差异

地形地貌	村落选址	平面形态	街巷格局	建筑布局	整体形态
中高山地区	靠近山体冲沟区，方便取水、山体平缓区域	无统一形态	顺应山势走向，自由分支	顺应自然，布局自由	较为分散，呈自由式组团
低丘陵地区	两山之间的河谷平坝地区，依山傍水	相对规整，类似矩形	顺应山体，呈“一”字形或鱼带形	受地形限制，沿山体等高线呈线性发展	以条带形为主，规模相对较小，空间轴线顺应山体或河流走向
平原盆地地区	沿河流、水渠分布	平面规整，近似正方形	多为网状或放射状，层次、等级分明	呈整齐的行列式布局，与道路平行或垂直	组团式，规模较大，中心突出，呈圈层式发展，轴线和边界清晰

（二）村落名录

截至 2022 年 12 月底，陕西共有 179 个传统村落入选中国传统村落名录，其中第一批次 5 个，第二批次 8 个，第三批次 17 个，第四批次 41 个，第五批次 42 个，第六批次 66 个（表 7-5）。这些传统村落在空间布局、建筑形态、人文景观等方面呈现出不同的地域风格，具有悠久的历史性、严格的规范性及丰富的多元性。

表 7-5　陕西传统村落名录

批　次	村落名录	数量 / 个
第一批次	铜川市耀州区孙塬镇孙塬村、渭南市韩城市西庄镇党家村、榆林市绥德县白家硷乡贺一村、榆林市佳县佳芦镇神泉村、榆林市米脂县杨家沟镇杨家沟村	5
第二批次	咸阳市三原县新兴镇柏社村、咸阳市礼泉县烟霞镇袁家村、咸阳市永寿县监军街道等驾坡村、安康市旬阳县赵湾镇中山村（郭家老院）、渭南市富平县城关镇莲湖村、渭南市合阳县坊镇灵泉村、渭南市澄城县尧头镇尧头村、榆林市佳县佳芦镇张庄村	8
第三批次	宝鸡市麟游县酒房镇万家城村、渭南市合阳县同家庄镇南长益村、渭南市韩城市芝阳镇清水村、延安市黄龙县白马滩镇张峰村、汉中市宁强县青木川镇青木川村、榆林市绥德县四十里铺镇艾家沟村、榆林市绥德县满堂川乡常家沟村、榆林市绥德县满堂川乡郭家沟村、榆林市佳县康家港乡沙坪村、榆林市佳县峪口乡峪口村、榆林市佳县朱家坬镇泥河沟村、榆林市子洲县双湖峪镇张寨村、安康市石泉县后柳镇长兴村、安康市紫阳县向阳镇营梁村、安康市旬阳县赤岩镇七里村庙湾村、安康市旬阳县赤岩镇万福村、安康市旬阳县赤岩镇湛家湾村	17
第四批次	西安市蓝田县葛牌镇石船沟村、西安市周至县厚畛子乡老县城村、咸阳市三原县鲁桥镇东里村、咸阳市彬县香庙乡程家川村、渭南市华县赤水镇辛村、渭南市大荔县朝邑镇大寨村、渭南市大荔县段家镇东高垣村、渭南市合阳县百良镇东宫城村、渭南市蒲城县椿林镇山西村、渭南市韩城市新城办相里堡村、渭南市韩城市龙门镇西原村、渭南市韩城市桑树坪镇王峰村、	41

续　表

批　次	村落名录	数量 / 个
	渭南市韩城市西庄镇柳枝村、渭南市韩城市西庄镇郭庄砦村、渭南市韩城市西庄镇柳村、渭南市韩城市西庄镇薛村、渭南市韩城市西庄镇张代村、延安市宝塔区临镇镇石村、延安市子长县安定镇安定村、汉中市城固县上元观镇乐丰村、榆林市绥德县义和镇虎焉村、榆林市绥德县中角镇梁家甲村、榆林市米脂县银州办事处高庙山村、榆林市米脂县桃镇桃镇村、榆林市米脂县桃镇黑圪塔村、榆林市米脂县杨家沟镇寺沟村、榆林市米脂县杨家沟镇岳家岔村、榆林市米脂县郭兴庄镇白兴庄村、榆林市米脂县乔河岔乡刘家峁村、榆林市米脂县城郊镇镇子湾村、榆林市佳县木头峪镇木头峪村、榆林市清涧县高杰村镇高杰村、榆林市子洲县何家集镇眠虎沟、安康市汉滨区石转镇双柏村、安康市汉滨区双龙镇天宝村、安康市汉滨区叶坪镇双桥村、安康市汉滨区早阳镇王庄村、安康市汉滨区共进镇高山村、安康市汉滨区墿坝镇马河村、安康市旬阳县仙河镇牛家阴坡村、商洛市镇安县云盖寺镇云镇村	
第五批次	咸阳市礼泉县烽火镇烽火村、铜川市印台区陈炉镇立地坡村、铜川市耀州区小丘镇移村、渭南市大荔县两宜镇东白池村、渭南市大荔县范家镇结草村、渭南市合阳县新池镇行家庄村、渭南市合阳县黑池镇南社村、渭南市合阳县黑池镇黑东村、渭南市合阳县路井镇杨家坡村、渭南市澄城县冯原镇吉安城村、渭南市蒲城县兴镇曹家村、渭南市蒲城县尧山镇陶池村、渭南市白水县杜康镇康家卫村、渭南市白水县北塬镇杨武村、渭南市富平县老庙镇笃祜村、渭南市韩城市新城街道周原村、渭南市华阴市岳庙街道双泉村、延安市延长县雷赤镇凉水岸村、延安市延川县永坪镇赵家河村、延安市延川县文安驿镇梁家河村、延安市延川县贾家坪镇磨义沟村马家湾村、延安市延川县贾家坪镇田家川村上田家川村、延安市延川县关庄镇甄家湾村、延安市延川县关庄镇太相寺村、延安市延川县乾坤湾镇碾畔村、延安市延川县乾坤湾镇刘家山村、榆林市榆阳区古塔镇罗硷村、榆林市横山区横山街道贾大峁村、榆林市横山区响水镇响水村、榆林市横山区殿市镇五龙山村、	42

续 表

批 次	村落名录	数量/个
	榆林市横山区赵石畔镇王皮庄村、榆林市靖边县镇靖镇镇靖村、榆林市绥德县中角镇中角村、榆林市佳县螅镇荷叶坪村、榆林市佳县螅镇刘家坪村、榆林市子洲县裴家湾镇园则坪村、汉中市留坝县城关镇城关村、汉中市留坝县留侯镇庙台子村、汉中市留坝县江口镇磨坪村、安康市汉滨区谭坝镇前河村、安康市石泉县熨斗镇长岭村、商洛市山阳县漫川关镇古镇社区	
第六批次	宝鸡市凤县凤州镇凤州村、咸阳市旬邑县马栏镇阳坡头村、西安市临潼区穆寨街道办事处穆柯寨村、咸阳市泾阳县安吴镇安吴村、渭南市大荔县范家镇雷北村、渭南市澄城县赵庄镇党家庄村、宝鸡市陈仓区东关街道办事处西秦村、汉中市略阳县白水江镇铁佛寺村、安康市汉滨区县河镇大垛村、商洛市商州区腰市镇上集村、安康市汉滨区谭坝镇鸭蛋河村、渭南市蒲城县孙镇甘北村、安康市汉滨区石梯镇迎春村、安康市汉滨区谭坝镇惠坪村、榆林市神木市沙峁镇菜园沟村、商洛市商州区三岔河镇引龙寺村、咸阳市旬邑县城关街道办事处赵家洞村、汉中市西乡县骆家坝镇钟家沟村、汉中市留坝县玉皇庙镇两河口村、汉中市留坝县紫柏街道办事处小留坝村、安康市汉滨区紫荆镇紫荆村、咸阳市永寿县渠子镇永寿坊村、渭南市白水县史官镇史官村、汉中市留坝县江口镇河西村、汉中市留坝县留侯镇营盘村、安康市汉滨区茨沟镇瓦铺村、渭南市华阴市孟塬镇司家村、榆林市佳县坑镇赤牛坬村、汉中市留坝县武关驿镇上南河村、汉中市留坝县江口镇梭椤村、西安市周至县竹峪镇兰梅塬村、汉中市留坝县火烧店镇望星台村、咸阳市礼泉县烟霞镇官厅村、汉中市留坝县武关驿镇河口村、汉中市留坝县玉皇庙镇玉皇庙村、汉中市留坝县马道镇龙潭坝村、汉中市留坝县火烧店镇中西沟村、汉中市留坝县留侯镇闸口石村、汉中市留坝县玉皇庙镇下西河村、商洛市柞水县营盘镇朱家湾村、汉中市镇巴县盐场镇响洞村、汉中市镇巴县观音镇小里沟村、安康市石泉县迎丰镇三官庙村、安康市石泉县迎丰镇新庄村、汉中市镇巴县简池镇杨家营村、	66

续　表

批　次	村落名录	数量 / 个
	汉中市镇巴县碾子镇碾子村、安康市白河县卡子镇凤凰村、商洛市山阳县法官镇法官庙村、商洛市商南县富水镇王家楼村、西安市临潼区仁宗街道办事处仁宗村、渭南市蒲城县桥陵镇义龙村、榆林市米脂县杜家石沟镇艾渠村、咸阳市淳化县十里塬镇曹村、渭南市潼关县桐峪镇上善村、咸阳市淳化县十里塬镇马家山村、商洛市镇安县云盖寺镇黑窑沟村、渭南市澄城县寺前镇吴家坡村、陕西省商洛市镇安县米粮镇树坪村、榆林市佳县佳州街道办事处谭家坪村、延安市子长市涧峪岔镇石窑台村、榆林市佳县佳州街道办事处吕家坪村、榆林市佳县朱官寨镇朱官寨村、榆林市佳县佳州街道办事处任家畔村、渭南市大荔县羌白镇阿寿村、渭南市白水县史官镇武庄村、宝鸡市陈仓区香泉镇王家庄村	

第一批数据来源：中华人民共和国住房和城乡建设部官网（https://www.mohurd.gov.cn/gongkai/zhengce/zhengcefilelib/201212/20121219_212340.html）。

第二批数据来源：中华人民共和国住房和城乡建设部官网（https://www.mohurd.gov.cn/gongkai/zhengce/zhengcefilelib/201308/20130830_214900.html）。

第三批数据来源：中华人民共和国住房和城乡建设部官网（https://www.mohurd.gov.cn/gongkai/zhengce/zhengcefilelib/201412/20141203_219694.html）。

第四批数据来源：中华人民共和国住房和城乡建设部官网（https://www.mohurd.gov.cn/gongkai/zhengce/zhengcefilelib/201612/20161222_230060.html）。

第五批数据来源：中华人民共和国中央人民政府官网（https://www.gov.cn/zhengce/zhengceku/2019-09/29/content_5434777.htm）。

第六批数据来源：中华人民共和国中央人民政府官网（https://www.gov.cn/zhengce/zhengceku/2023-03/21/content_5747708.htm）。

陕西传统村落最早发源于新石器时代（公元前5000年至公元前3000年），汉唐时期繁荣兴盛，并在明清时期得到延续与发展。从空间布局看，元代以前形成的传统村落主要分布在关中渭北区域的韩城、蒲城、富平、礼泉、永寿等地及陕北地区的佳县、子长等地，而陕南地区分布较少。形成这一现状的主要原因是宋以前的关中地区曾长期是京畿之地，条件优越，而陕北地区曾是宋金、宋夏、金夏争夺的边塞，许多边塞型堡寨多形成于这一历史时期，如延安子长县安定村、榆林子洲县张寨村等。

陕西许多传统村落不仅有着较为悠久的历史，还有重要的历史人物或发生过重大历史事件，是历史文化发展演变的“活”的见证。比如，咸阳市永寿县等驾坡村、渭南市韩城市西庄镇党家村、汉中市宁强县青木川镇青木川村等村落的形成时期分别可追溯至晋代、宋元时期及明代，铜川市耀州区孙塬镇孙塬村（据说为孙思邈故里）、咸阳市礼泉县烟霞镇袁家村（村支书郭裕禄）等村落则是因历史人物而著称。此外，陕西榆林、延安等地的村落还拥有诸多红色革命旧址，如榆林佳县佳芦镇神泉村、米脂县杨家沟镇杨家沟村等村落分别拥有神泉堡革命旧址、杨家沟革命旧址。这些传统村落历经风雨的洗礼依然矗立于广袤的秦地之上，具有较高的历史研究价值。

陕西传统村落还具有严格的规范性，这种特征集中体现在传统建筑的营造方式上。陕西人民历来注重礼仪、敬重祖先、讲究规矩，其民居建筑也反映着这一文化属性。比如，关中地区渭南市合阳县坊镇灵泉村的住宅院落多为四合院式，中规中矩，主要以院落中的房屋的朝向、高低、大小来区分等次、划分辈分，是严格礼仪规范的象征。又如，榆林市佳县的木头峪古镇的建筑讲究方整、对称，建筑整体布局层次分明、错落有序，两条正街贯穿南北，东西小巷横穿，建筑整齐划一，既有华夏文明的共性，又有陕北独特的个性。

陕西传统村落的特征的形成是受自然环境和人文环境双重作用的结果，不同地区的民居建筑在平面结构、取料用材、屋顶造型、山墙造型、局部装饰等方面的差异便是两者作用的集中体现。比如，陕北村落多是沿山川分布的窑洞群，建筑用材为生土或石料，局部装饰有砖雕、木雕，平面结构多为靠山联排式结构。关中村落多由四合院组合而成，其建筑多采用砖木结构，屋顶是硬山式结构，厢房“半边盖”，山墙造型为“人”字形，局部装饰为砖木石雕刻，平面结构为四合窄院。陕南村落多由石板房和干栏式木板房组成，其民居建筑用材为土木与砖石，屋顶结构为双坡悬山顶、缓坡青石板瓦、宽檐，山墙造型为穿斗式，平面结构为单排房三开间。当然，这种差异的形成与陕西横跨南北、土木石俱全的自然环境条件有着密切联系，人们在最初营建时也多考虑房屋采光、防灾等因素，并取材于自然，故丰富的自然资源为传统村落的形成与发展提供了支持。

从文化特征角度看，截然不同的自然地理状况和历史经历使得陕西不同地区的传统村落呈现出了不同的文化特色，如与旱作农业方式相适应的关中文化、以刀耕火种和商贸为主体的陕南文化、以半农半耕为特征的陕北文化。这些特色鲜明的文化与陕西传统村落早已融为一体，成了陕西传统村落不可分割的一部分。

窑洞是陕北传统村落文化特征的典型代表。陕北地区的传统村落多位于高原地带，以半干旱的气候特征为主。高钙的黄土无法为植物生长提供丰富的营养，却在千万年的自然积压中层层累积，质地坚硬，具有极好的直立性。陕北地区整体干旱，但是雨量集中的气候条件极易造成水土流失，深厚的黄土层经过多年雨水的冲刷，使陕北地区最终形成了沟壑梁峁纵横、千姿百态的地形地貌。独特的地理环境为陕北地区的传统村落提供了一种特殊的生存环境，同时为以窑洞为主体的人居环境建设奠定了基础。窑洞松散的分布格局与依水而居的选址理念体现着陕北农耕文明与游牧文明的生活特点。一方面，土质的坚硬程度、地形的复杂多变等因素决定着陕北传统村落窑洞的分布较为松散。另一方面，陕北地区水源稀少，降水主要集中于夏季，寻找地表水源或地下水便成了传统村落选址的重要任务。水源的不确定性在很大程度上会引起居民的搬迁，这种状况与游牧民族的逐水草而居的生活方式如出一辙。窑洞不仅体现着前人因地制宜的建造智慧，还蕴含“天人合一”的思想理念，这种理念具体表现在窑洞融天地为一体的建造方式上。窑洞一般修建在黄土塬向阳的一侧，背靠土山，前有院落，周边沟壑纵横，与高天厚土自然交融。

关中地区泛指陕西中部，便利的交通和典型的农耕文明影响着关中地区人们的生产和生活方式。关中传统村落的文化特征与农耕文明有着紧密联系。关中地区的生产方式以农业为主，传统村落的密度、规模均受到了耕作条件的影响。适宜耕作的地区如渭河及其支流地区的传统村落密度较高，规模较大，村落整体被耕地围合，而耕作条件较差的地区如渭北高原山地区，其村落密度较低，规模也较小。村落规模的大小、布局的疏密与所在地的生产条件表现出了较高的协调适应性。关中传统村落中较为常见的民居建筑形式主要有三种。第一种建筑形式是四合院式。其格局为一个院落内四面建有房屋，彼此相依但不相连，呈合围之势，其中坐北朝南的为正房，两侧为偏房，房门开向庭院，构成封闭式的四合院墙。比如，渭南灵泉村现存的民居建筑大多为四合院式或三合院式布局，保存较为完整的四合院的平面布局为上房居上，厦房分居两侧，并与上房相对，形成四房围合。韩城党家村的民居建筑也多为四合院，但其院落面积较小，作为一个独立院落，虽有二进式、前院、后院、偏院，但数量非常少。由于房梁较高，房屋的内部空间较大；两侧厢房大多有两门两窗，甚至更多，门窗刻有吉祥图案；四面房屋的背墙与厅房、门房的山墙共同构成院落界墙。第二种建筑形式为非四合院式的单坡式住宅。这种建筑仅有一面建有房屋，其他方位均为院墙。第三种建筑形式为双坡屋面的正房与单坡式的厦房组合院落。这三种建筑形式在关中地区的分布较为普遍，也从侧面说明人们会根据自身的实际情况灵活调整院落的布局。

陕南地区传统村落的文化是多元的、丰富的，受特殊的自然环境和社会发展背景的影响，中原文化、湖广文化、巴蜀文化、荆楚文化等不同的地域文化在这里相互交融，使得陕南地区形成了各式各样的建筑风格。其中，位于汉江源头的陕南西部与四川相连，秦蜀文化在此交融，使得传统村落的民居建筑兼具川陕的地域文化特色。蜀文化主要体现在大挑檐悬山屋顶、木装板壁门窗与穿斗式木构架上，而秦文化主要体现在厚重夯土墙与院落格局上。陕南传统村落中的民居多为联排的前铺后店式分布，每个小店既独立又相互照应，风格相对统一，形成了生动多样的小城镇聚落风貌。

陕南中部地处秦、楚、蜀三大文化圈的交会处，其整体区域的文化不仅具有兼容并包的统一性，各地区因居民不同的迁徙背景还表现出了一定的个体差异性，营建风格不一，营造手法多变。比如，为了追求正房较大的进深空间，陕南中部的传统民居多采用北方惯用的“抬梁式”营造方法，而厢房进深相对较小，多用南方“穿斗式”或“硬山搁檩”的手法营建；山地高燥之地采用“四水归堂”的晋式合院形制，低坝湿热之处则多采用“开口式三合院”的营建方式。另外，街巷建筑较为密集，雨多风大之地多建马头墙，其基本形态深受荆楚文化的影响，沿江而上，巴蜀文化的影响则更为明显。

陕南地区的东南部地接荆楚，曾是历史上“湖广填四川”的移民通道。由于人口流动和文化贸易交流的频繁，此区域的气候条件、地形地貌与湖北具有相似性，其村落民居的地域文化多带有荆楚特色。一般的传统民居仍以院落和天井为中心，大门、前厅、中堂、后室和厢房组合为一个整体，宅院周围建筑既相互独立又保持统一，形成了你中有我、我中有你、独立而完整的一种庭院式建筑格局，体现出了强烈的儒家“中和”思想，具有和谐的文化意蕴。同时，受荆楚文化的影响，此地的传统居民建筑带有柔和、流动的阴柔之美，如高低错落的马头墙。

陕南地区的东北部兼有通关中、东接中原、南下湖广之利，所以该区域的传统村落有着较为明显的三秦文化、中原文化的个性及湖广特色。该地的传统民居建筑通常为狭长多进式的天井院落结构，院落四周屋面皆坡向天井，形成四水归堂的传统格局，结构体系以抬梁式构架为主、以穿斗式为辅，体现着典型北方民居特征。

总之，陕西不同区域的传统村落受不同地方文化的影响，呈现出了不同的风格特征。鉴于此，政府对传统村落的保护应注重对其文化内涵的保护。

（三）类型

1.根据总体特征划分

根据传统村落总体特征的不同，陕西的传统村落可以分为交通商贸型村落、防御古堡型村落、生态农耕型村落及其他类型村落四种类型。

交通商贸型村落是在古时官道、驿站、码头等交通要塞上发展形成的村落。陕西不同地区的交通商贸型村落的主要分布区域并不完全相同，其中陕南西部的交通商贸型村落主要集中于秦巴古道沿线，如褒斜古道上的汉中留坝县的庙台子村、城关村；而陕南东部的交通商贸型村落主要分布在汉江沿线，且多为水旱码头，如安康市紫阳县营梁村、石泉县熨斗镇长岭村等。这也从侧面说明自然环境对村落选址的重要影响。古时的秦巴古道和汉江水运是催生陕南交通商贸型村落产生与发展的主要因素。位于关中地区的交通商贸型村落主要分布在渭北向陕北过渡的交通要塞区域，如礼泉县烽火村、三原县柏社村等。陕北地区的交通商贸型村落主要分布在靠近山西的黄河沿岸地区，这是由于黄河水运在此区域形成了众多水旱码头，为方便贸易往来，诸多商户落户于此。明清时期，由于晋商需要向西北运输商品，此区域逐渐形成了许多商旅驿站，如佳县康家港乡沙坪村、螅镇刘家坪村等村落中仍保留着大大小小的驿站。这些依托古道而建的驿站不仅极大地促进了当时秦岭山区的经济发展，还对维持秦巴山区的社会秩序有着重要的影响。总之，陕西交通商贸型村落所在的区域为官民商贾过往的必经之路，拥有众多驿站、码头等交通场所。

防御古堡型村落主要分布在陕西的关中地区，且集中于关中东北部的韩城黄河沿岸。关中平原地势平缓，土壤肥沃，号称“八百里秦川”。

独特的自然环境使得关中平原成为兵家必争之地，古时君王也多选择在关中名城西安建都。关中人民在都城营建思想的影响下多选择修筑防御性建筑，因此这一区域的传统村落形成了防御古堡型的建筑风格。比如，榆林市子洲县双湖峪镇张寨村、韩城市西庄镇党家村、渭南市合阳县灵泉村等村落至今仍遗留着村落城墙和寨堡等安防设施。

生态农耕型村落主要分布在陕北、陕南地区，大多依山靠水而建。陕北地区的生态农耕型村落主要分布在榆林东南部和延安东部，以黄土高原农耕文明为主要特征，如榆林市绥德县贺一村、延安市延长县雷赤镇凉水岸村；陕南地区的生态农耕型村落主要分布在陕南东部安康、商洛等地，如安康市旬阳县赵湾镇中山村、商洛市镇安县云盖寺镇黑窑沟村等。这些村落多延续着传统的农耕生活方式，民居建筑取材因地制宜、用料节俭。

其他类型村落包括工艺集聚型村落、红色革命遗址型村落、庄园氏族型村落等。工艺集聚型村落多分布于关中和陕北地区，以手工业、非遗技艺为主要特征，如榆林市佳县峪口乡峪口村以手工麻纸、造纸工艺闻名，渭南市澄城县尧头镇尧头村因瓷窑而得名。红色革命遗址型村落是记录中国革命历史的传统村落类型，集中体现了陕北人民为中国革命胜利做出的巨大贡献。庄园氏族型村落主要分布于陕北地区，如米脂县杨家沟村、绥德县贺一村、米脂县刘家峁村、米脂县高庙山村分别拥有马氏庄园、党氏庄园、姜氏庄园和常氏庄园，即“陕北四大园”。

陕西传统村落类型丰富，许多交通商贸型村落拥有各种传统工艺，许多生态农耕型村落拥有红色革命遗址。因此，以上四种类型只是从村落较为突出的典型特征入手进行的大致划分。

2. 根据布局形态划分

陕西传统村落的分布区域也多受地形地貌的影响，呈现出人与自然和谐共生的生态理念。同时，不同的地理环境条件使得陕西传统村落在空间分布上呈现出一定的特征：关中腹地的传统村落具有明显的聚合形态，属聚合型村落，而陕南、陕北地区多呈东西走向的条带状分布，属条带状村落。此外，陕西传统村落还有组团型村落及其他形态的村落。

聚合型村落多处于地势相对平缓的关中平原地区，平缓的地势有利于村落的扩张与发展，因此，这类村落的规模一般比较大，由内向外呈放射状，建筑布局相对较为集中，街巷道路横纵交错，整体为单一块状。比如，渭南市蒲城县山西村、咸阳市彬县程家川村等皆属于此类村落。当然，聚合型村落也并不是只分布于平原地区，一些山间盆地或河谷平坦地带也分布有聚合型村落，如延安市子长县安定村、汉中市城固县乐丰村等村落从空间形态上看也为聚合型村落。

条带状村落多分布于河流沿岸、沟谷之中，或重要的交通要道沿线，在形态上呈长条形，其主干街道常常沿河流、沟谷或交通干道的方向延伸，如榆林市佳县木头峪村、安康市紫阳县营梁村等。

组团型村落与聚合型村落较为类似，整体布局相对较为紧凑，但受山地、河流等地形阻隔的影响，组团型村落并不集中于某一大片区域，而是由几个组块“拼凑”而成。组团型村落分布较为均匀，陕北、关中、陕南等地都有，如榆林市绥德县郭家沟村、安康市旬阳县万福村、渭南市西庄镇党家村等村落都呈组团形态发展。这类村落的街道格局在不同地区呈现出不同的特点，如在陕北黄土丘陵沟壑区或陕南秦巴山地的组团型村落，其街道多随地势变化而曲折延伸，但在地势相对较为平坦的地区，组团型村落的街道仍呈网格状分布。

其他形态村落的整体形态较为自由，多分布于陕北黄土高原或陕南秦巴山地，受地势环境的影响，呈现树枝状或放射状等形态。

总之，陕西的自然环境和人文环境南北差异较大，传统村落的空间形态、民居建筑等要素又与自然环境有着紧密联系，因此陕北地区、关中地区和陕南地区的传统村落呈现出了不同的风格特征。

二、陕西传统村落保护与发展的具体做法

近些年，我国在乡村建设和乡村文化保护方面出台了许多政策。在此背景下，陕西紧抓发展契机，不断完善城乡历史文化资源保护名录，深入推进历史文化保护传承工作，取得了一定的成效。

陕西相关部门在相关法律法规的基础上编制了传统村落文物保护单位保护规划，形成了较为完整的文物保护规划体系，为传统村落的保护与发展提供了科学依据。同时，陕西省开展了文物修缮工作，使一大批重点保护文物得到了较好的保护，如青木川魏氏庄园、尧头窑遗址等。这项工作的推进为当地传承与发扬传统村落文化起到了很好的支撑作用。陕西省以文物资源为基础，充分发掘文物资源展示潜力，与美丽乡村建设、乡村旅游相结合，使文物成为群众致富的宝贵资源。另外，陕西多次组织召开座谈会，安排实施传统村落和历史文化遗址的保护及开发利用项目，鼓励群众积极参与，关注和尊重群众的现实需求，积极改善传统村落的基础设施，扎扎实实地为人民群众谋幸福。下面就对几个传统村落的保护与发展案例进行重点分析。

（一）青木川村

汉中市宁强县青木川镇青木川村主要实施的保护模式为整体性保护模式。该村地处陕西、甘肃、四川三省的交界处，曾是羌汉杂居地区，保留有回龙寺、辅仁剧社、辅仁中学等多处历史建筑。由于地理位置的特殊性，青木川村曾在一定程度上受到了地震灾害的影响。对此，宁强县立即对村内的古建筑魏氏宅院展开修缮工作，很好地保存了古镇的整体风貌。青木川村凭借独特的地理位置、得天独厚的自然优势及丰富的历史人文资源，被列入中国传统村落名录。近些年，宁强县按照“规划引领、保护修复、完善功能、开发利用、突出特色、宜居富民”的总体要求，大力推进古镇的保护修缮与发展工作，对区域内的文物保护单位

的保护现状进行了科学评估，对区域内文物古迹、历史建筑、传统民居进行了抢救性保护修复，对核心区内古建筑修缮做到修旧如旧，在核心区周边新建、扩建房屋管理上严格控制外观、造型、高度、风格，确保和古镇协调统一。这项工作的落实为保护传统村落中的文化遗产提供了必要指导和现实依据。同时，宁强县立足地界三省的区位优势、天然的生态优势及底蕴深厚的人文优势，加快推进文化旅游资源的开发，在景区景点规划上依托自然风光，结合历史遗存，明确制定了发展战略和空间规划格局，为青木川的发展指明了方向，形成了“中心起步，轴带拓展，分区引导”的发展战略，构建了“四心、三轴、一廊、四片区”的空间布局，并在传统村落的保护与发展中充分融入文化和旅游元素，按照旅游特色小镇的发展路径，建设了以青木川老街建筑群、魏氏宅院、宁强羌人墓地等国家重点文物保护单位为节点的历史文化景观带，很好地促进了青木川村的整体保护与活态发展。

（二）党家村

韩城市党家村在促进传统村落保护与发展方面的工作也很出色。该村位于泌水河谷地的高岸上，始建于元至顺二年（1331 年），历史悠久，村内保留百余座四合院民居，其平面布置大体与北方常见的四合院相近，但在建筑空间上更多地融合了京、冀、晋、秦的特点。民居布局紧凑，做工精良，风貌古朴典雅，文化气息浓厚。此外，该村还有哨楼、节孝碑、戏台、泌阳堡、文星阁等传统建筑，具有较高的历史价值和观赏价值，被誉为“东方人类古代传统文明居住村寨的活化石”。在传统村落保护方面，党家村制定了相关的保护管理规定，以乡约、族规的形式带动村民自发投身于保护传统村落的实践中。同时，该村针对典型民居的保护现状和相关要求，确定保护范围，积极开展传统建筑修缮、街巷整治、基础设施增设、环境绿化等工作，在保护党家村历史风貌及文物现状的基础上有效地改善了村民的生活环境。

此外，党家村积极统筹协调与农业经济发展之间的关系，发挥自身独有的文化优势，积极开展传统文化活动，如社火、祭祖等，在尽可能保持村落原有风情的基础上大力发展旅游业，并以旅游业带动消费，促进一二三产业的发展。党家村作为山陕古民居的典型代表，依托其独特的民俗文化，实现了文旅融合赋能，以文塑旅、以旅彰文，是以文化产业赋能乡村振兴的典范。

（三）袁家村

陕西省咸阳市礼泉县烟霞镇袁家村坐落于唐太宗李世民昭陵九嵕山下，地势西北高、东南低，周边交通条件良好。袁家村始建于北宋建隆时期，村内宅院均为正南、正北布局，高低错落，整齐有致。其中，碧山堂最负盛名，该建筑具有北方民宅的特色，气势威严、高大华贵、粗犷中不失细腻，厅堂上的牌匾“碧山堂”古朴厚重，院内随处可见的砖雕、木雕玲珑精致。该村不仅拥有皮影戏、弦板腔等非物质文化遗产，还保留着木版年画、陕西快书、剪纸、泥塑等民间艺术活动。

近些年，袁家村紧抓时代契机，积极调整发展思路，在发展乡村旅游、壮大乡村经济、推动乡村现代化方面取得了突出成就，走出了一条面向市场需求、依靠乡村内在力量、创新产业发展模式的成功道路。该村的具体做法主要包括以下几点。

1.整合村落各类要素，设计圈层式空间布局

袁家村在实施村落保护发展规划之前，对村落内的各类要素进行了有效整合，并以产业集聚区为基础，设计构建圈层式空间结构。其中，第一层是袁家村关中印象体验地，其对其他圈层的经济文化具有吸引和辐射功能，能够保证各种要素的融合，促进核心区优先发展；第二层是原材料加工研发企业，具有一定的过渡作用；第三层是特色农庄、创意农业观光园、农业休闲体验园等以农业为基础的相关服务业。这种布局结构明了，使不同圈层的内容要素得到了合理的挖掘、集聚和整合，不仅保护了村落

内的文化遗产，还促进了旅游产业的发展，形成了自然景观与人文景观协调共生的良性循环。为保留原始的关中建筑风貌，袁家村因地制宜，规划街区以线性结构依次展开，最大限度地提高了空间利用率，在尊重自然地形、顺应自然肌理的基础上很好地保留和发展了村落风貌。

2. 充分挖掘自身地域特点，突出关中民俗文化

袁家村在规划设计初期，创新传统的发展理念，大力挖掘自身的地域特质和关中文化，并在实施过程中充分发挥地理区位优势，最大化地展现了村落历史价值和文化价值，对传统村落的保护与发展起到了很好的促进作用。

袁家村在当地政府的组织引领下，以民俗文化为切入点，重点发展街区餐饮、休闲、购物、住宿等旅游产业链，并开展民俗体验式的乡村特色旅游，将民俗文化融入旅游产业的各个环节之中，带动了村落的发展。

3. 以人为本，注重村民参与

袁家村在发展之初就明确了自主发展的路径，始终坚持村民的主体地位不动摇，确保村民的集体利益得到根本的、持久的保证。袁家村以关中印象体验地为核心，搭建了多种村民创业平台，不断加强村民教育和培训工作，提高村民素质，让村民积极参与袁家村的经营与管理。另外，在村民的支持下，袁家村成立了农民合作社，吸引手艺人进村经营，并通过股份合作的模式让村民变股民，充分调动了村民的参与积极性。

三、陕西传统村落保护与发展的启示

政府要全面梳理、深刻认识传统村落的保护价值，遵循整体性、风貌性和原真性原则，解决保护修复与创新发展之间的矛盾，遵循保护的总体规划，在对文物现状进行评估的基础上，充分考虑风险因素，对保护工作进行分级、分类、分期，为有效制定各项保护措施提供依据，促

进传统村落各项保护工作的有序开展。

政府应深刻认识传统村落转型发展的现实意义，进一步研究具体的发展措施，推动传统村落实现再生发展。一方面，政府应加强对传统村落历史文化的保护与传承。从根本上说，传统村落的保护与发展必须回归到文化内涵本质。基于此，政府应在着眼经济发展的同时，重视对传统村落文化生态和文化资源的保护，将静态保护转化为动态发展，延续其特殊的历史价值和文化价值。另一方面，政府可以将传统村落的历史文化资源与旅游产业进行有机融合，合理开发和利用其文化资源，同时加强对村落周边自然环境的综合整治，在维护村落完整风貌的前提下进行科学的开发和利用，打造传统村落特色文化旅游的新品牌。

村民是传统村落保护与发展的主体。除了注重对传统建筑的保护之外，政府还应以提高村民生活质量为目标，加强村落基础设施建设，正确处理保护与发展的关系，推动遗产保护与村民正常生产生活协同发展。在具体实践中，政府可以建立村民参与的互动机制，为村民参与提供更为广泛的渠道与机会，如通过网络、热线电话、意见箱等方式收集村民的意见或建议，并积极采纳村民的合理建议，这是使传统村落实现可持续发展的基本前提。

第三节　河南传统村落的保护与发展措施

一、河南传统村落概况

（一）概述

河南古称中原、中州、豫州，从地理位置看，其位于我国中部，东与山东、安徽毗邻，南与湖北相接，西与陕西相邻，北连河北、山西，素有“九州腹地，十省通衢”之称。河南地势西高东低，北部、西部、南部分别被太行山、伏牛山、桐柏山、大别山环绕，中部、东部为黄淮海平原，西南部为南阳盆地，丰富多变的地形地貌在一定程度上影响着传统村落的选址、空间分布及形态特征。河南的主要山体及特征如表7-6所示。

表 7-6　河南的主要山体及特征

名　称	特　征
豫北太行山	山势挺拔，山前有丘陵，山间多为小型盆地，自然生态良好，旅游资源丰富
南阳盆地伏牛山	环抱南阳盆地，山前形成低山丘陵，山地向东延伸到南阳方城东北突然中断，形成“方城缺口”，这一缺口是连通南阳盆地与华北平原、江汉平原的天然交通要道
豫南大别山	地形自北向南呈阶梯状坡降，依次出现中山、低山、丘陵，并以中山山岳为主要特征
豫西秦岭余脉	海拔自西向东逐渐降低，落差较大，地貌类型复杂

河南省从南至北跨越北亚热带和暖温带，气候具有明显的过渡性特征，冬季寒冷雨雪少，春季干旱风沙多，夏热多雨且丰沛，秋季晴和日照长。受地势和山脉走向的影响，省内河流自西向东南、东北呈辐射状分流，分属长江、淮河、黄河、海河四大水系。

河南拥有悠久的发展历史，早在旧石器时期这里便有了人类生活的踪迹，安阳县的小南海、许昌市建安区的灵井等地皆是旧石器时代的文化遗址。因其独特的地理位置，河南一度成为我国政治、经济、文化的中心，历史上先后有20多个朝代建都或迁都于此。此外，我国四大发明中的造纸术、指南针、火药三大技术均发明于河南。丰富的历史文化和优越的自然环境为众多传统村落的诞生提供了肥沃的土壤，使传统村落呈现出明显的地域性、历史性特征。

（二）特征

截至 2022 年 12 月底，河南共有 275 个传统村落入选中国传统村落名录，其中第一批次 16 个，第二批次 46 个，第三批次 37 个，第四批次 25个，第五批次 81 个，第六批次 70 个（表 7–7）。根据历史和地理因素，河南省一般被分为豫中、豫东、豫南、豫西和豫北五个地区，其中豫中包括郑州、许昌、平顶山和漯河，豫东包括商丘、开封和周口，豫南包括南阳、信阳和驻马店，豫西包括洛阳、三门峡，豫北包括安阳、焦作、濮阳等地。从分布规律看，河南传统村落呈明显的“三团一带”式分布，其中“三团”包括平顶山、许昌交界的豫中集聚区，安阳、新乡、鹤壁交界的豫北集聚区和信阳南部的豫南集聚区，“一带”是指沿西北、东南方向分布的带状区域。

表 7–7　河南传统村落名录

批　次	村落名录	数量 / 个
第一批次	洛阳市孟津县小浪底镇乔庄村、洛阳市汝阳县蔡店乡杜康村、平顶山市宝丰县杨庄镇马街村、平顶山市郏县堂街镇临沣寨（村）、平顶山市郏县李口镇张店村、平顶山市郏县渣园乡渣园村、平顶山市郏县冢头镇西寨村、新乡市卫辉市狮豹头乡小店河村、濮阳市清丰县双庙乡单拐村、漯河市郾城区裴城镇裴城村、三门峡市陕县（今陕州区）西张村镇庙上村、南阳市邓州市杏山旅游管理区杏山村、南阳市内乡县乍曲乡（今岞岖镇）吴垭村、信阳市光山县文殊乡东岳村、信阳市罗山县铁铺乡何家冲村、信阳市新县八里畈镇神留桥村丁李湾村	16

续 表

批 次	村落名录	数量/个
第二批次	洛阳市孟津县朝阳镇卫坡村、洛阳市孟津县常袋镇石碑凹村、洛阳市新安县石井镇寺坡山村、洛阳市嵩县九店乡石场村、洛阳市洛宁县上戈镇上戈村、洛阳市洛宁县河底镇城村村、洛阳市洛宁县东宋镇丈庄村、洛阳市洛宁县底张乡草庙岭村、平顶山市宝丰县石桥镇高皇庙村、平顶山市宝丰县商酒务镇北张庄村、平顶山市宝丰县李庄乡程庄村、平顶山市宝丰县大营镇大营村、平顶山市宝丰县大营镇白石坡村、平顶山市鲁山县瓦屋乡李老庄村、平顶山市郏县冢头镇北街村、平顶山市郏县冢头镇东街村、平顶山市郏县冢头镇李渡口村、平顶山市郏县茨芭镇苏坟村、平顶山市郏县姚庄回族乡小张庄村、安阳市安阳县安丰乡渔洋村、安阳市林州市任村镇任村村、安阳市林州市石板岩乡朝阳村、安阳市林州市石板岩乡漏子头村、鹤壁市鹤山区姬家山乡王家站村、鹤壁市山城区鹿楼乡大胡村、鹤壁市山城区鹿楼乡肥泉村、鹤壁市浚县卫溪街道办事处西街村、鹤壁市淇县黄洞乡纣王殿村、焦作市中站区府城街道办事处北朱村、焦作市修武县岸上乡一斗水村、焦作市修武县岸上乡东岭后村、焦作市修武县西村乡平顶爻村、焦作市修武县西村乡双庙村、焦作市沁阳市常平乡九渡村、三门峡市渑池县段村乡赵沟村、三门峡市渑池县段村乡赵坡头村、三门峡市陕县西张村镇南沟村、三门峡市卢氏县朱阳关镇杜店村、三门峡市义马市东区办事处石佛村、三门峡市灵宝市朱阳镇朱阳村、南阳市南召县云阳镇老城村、信阳市新县周河乡毛铺村楼上楼下村、信阳市商城县长竹园乡张花店村何家冲村、信阳市商城县长竹园乡汪冲村四方洼村、信阳市商城县冯店乡郭店村四楼湾村、驻马店市确山县竹沟镇竹沟村	46
第三批次	郑州市登封市大金店镇大金店老街、郑州市登封市徐庄镇柏石崖村、洛阳市新安县石井镇东山底村、洛阳市栾川县潭头镇大王庙村、洛阳市栾川县三川镇火神庙村抱犊寨、洛阳市宜郑州市荥阳市高山镇石洞沟村、郑州市新密市刘寨镇吕楼村、开封市祥符区朱仙镇西街村、洛阳市新安县北冶镇甘泉村、	37

续　表

批　次	村落名录	数量 / 个
	阳县张坞镇苏羊村、平顶山市郏县薛店镇冢王南村、平顶山市郏县茨芭镇齐村、平顶山市郏县茨芭镇山头赵村、平顶山市汝州市蟒川镇半扎村、平顶山市汝州市夏店乡山顶村、安阳市林州市石板岩乡草庙村、安阳市林州市石板岩乡梨园坪村、安阳市林州市石板岩乡南湾村、鹤壁市淇县黄洞乡石老公村、鹤壁市淇县黄洞乡温坡村、新乡市辉县市拍石头乡张泗沟村、新乡市辉县市沙窑乡郭亮村、焦作市修武县西村乡长岭村、焦作市温县赵堡镇陈家沟、三门峡市陕县西张村镇丁管营村、三门峡市陕县张汴乡刘寺村、南阳市南召县马市坪乡转角石村、南阳市淅川县盛湾镇土地岭村、南阳市唐河县马振抚乡前庄村、信阳市光山县泼陂河镇何尔冲村徐楼村、信阳市光山县泼陂河镇黄涂村龚冲村、信阳市光山县南向店乡董湾村向楼村、信阳市光山县净居寺名胜管理区杨帆村、信阳市新县苏河乡新光村钱大湾、信阳市新县周河乡西河村大湾、信阳市新县陡山河乡白沙关村白沙关、信阳市新县卡房乡胡湾村刘咀村、信阳市新县田铺乡香山湖管理区水塝村韩山村、信阳市新县田铺乡田铺居委会大湾村、信阳市商城县吴河乡万安村何老湾、信阳市商城县余集镇迎水村余老湾	
第四批次	洛阳市新安县仓头镇孙都村、洛阳市洛宁县下峪镇后上庄村、平顶山市鲁山县梁洼镇鹁鸽吴村、平顶山市郏县薛店镇后冢王西村、平顶山市郏县黄道镇前谢湾村、平顶山市郏县渣园乡马鸿庄、平顶山市汝州市焦村乡张村、鹤壁市浚县白寺乡白寺村、鹤壁市淇县灵山办事处赵庄村、新乡市辉县市沙窑乡水磨村、许昌市禹州市浅井镇扒村、许昌市禹州市浅井镇浅井村、许昌市禹州市花石镇白北村、许昌市禹州市张得镇张西村、三门峡市陕州区张湾乡官寨头村、三门峡市渑池县张村镇苏秦村、南阳市方城县独树镇砚山铺村、信阳市光山县马畈镇代洼村杨柳湾组、信阳市光山县晏河乡管围孜村徐畈组、信阳市新县郭家河乡土门村徐冲组、驻马店市西平县杨庄乡仪封村	25

续 表

批 次	村落名录	数量 / 个
第五批次	郑州市巩义市大峪沟镇海上桥村、郑州市登封市少林街道玄天庙村杨家门村、郑州市登封市徐庄镇杨林村、郑州市登封市徐庄镇安沟村、洛阳市孟津县城关镇寺河南村大阳河村、洛阳市孟津县横水镇横水村、洛阳市新安县铁门镇土古洞村、洛阳市嵩县白河镇下寺村、洛阳市嵩县白河镇大青村、洛阳市嵩县白河镇白河街村、洛阳市嵩县白河镇火神庙村、洛阳市嵩县九店乡王楼村洼口村、平顶山市鲁山县瓦屋镇红石崖村、平顶山市郏县黄道镇王英沟村、平顶山市郏县黄道镇纸坊村、平顶山市郏县薛店镇冢王村、平顶山市郏县薛店镇下宫村、平顶山市汝州市大峪镇青山后村、平顶山市宝丰县李庄乡翟集村、安阳市安阳县磊口乡清凉山村、安阳市林州市合涧镇肖街村北庵沟村、安阳市林州市临淇镇占元村、安阳市林州市临淇镇白泉村、安阳市林州市临淇镇黄落池村郜家庄村、安阳市林州市东姚镇石大沟村、安阳市林州市东姚镇齐家村、安阳市林州市任村镇白家庄村、安阳市林州市任村镇牛岭山村马刨泉村、安阳市林州市任村镇盘龙山村、安阳市林州市任村镇皇后村、安阳市林州市任村镇后峪村、安阳市林州市五龙镇石阵村中石阵村、安阳市林州市五龙镇七峪村、安阳市林州市石板岩镇贤麻沟村、安阳市林州市石板岩镇石板岩村东湾村、安阳市林州市石板岩镇西乡坪村、安阳市林州市石板岩镇高家台村、鹤壁市鹤山区鹤壁集镇西杨邑村、鹤壁市鹤山区姬家山乡西顶村、鹤壁市鹤山区姬家山乡石门村、鹤壁市鹤山区姬家山乡沙锅窑村、鹤壁市鹤山区姬家山乡蒋家顶村、鹤壁市鹤山区姬家山乡施家沟村、鹤壁市山城区石林镇中石林村、鹤壁市山城区鹿楼乡寺湾村、鹤壁市淇滨区上峪乡柏尖山村、鹤壁市淇滨区上峪乡老望岩村、鹤壁市淇滨区上峪乡白龙庙村、鹤壁市淇滨区上峪乡桑园村、鹤壁市淇县灵山街道大石岩村、新乡市卫辉市狮豹头乡土池村、新乡市卫辉市狮豹头乡里峪村、新乡市卫辉市狮豹头乡定沟村、新乡市辉县市南村镇西王村、新乡市辉县市南村镇丁庄村、新乡市辉县市南寨镇齐王寨村、新乡市辉县市黄水乡韩口村、	81

续　表

批　次	村落名录	数量 / 个
	新乡市辉县市张村乡赵窑村、新乡市辉县市沙窑乡新庄村、焦作市山阳区苏家作乡寨卜昌村、焦作市修武县西村乡东交口村、焦作市孟州市西虢镇莫沟村、濮阳市华龙区岳村镇东北庄村、许昌市禹州市鸠山镇天垌村、许昌市禹州市鸠山镇魏井村、三门峡市陕州区张汴乡曲村、三门峡市卢氏县文峪乡大桑沟村、三门峡市灵宝市朱阳镇两岔河村、南阳市南召县云阳镇铁佛寺村石窝坑村、南阳市方城县柳河乡段庄村王老庄村、商丘市梁园区谢集镇西街村老谢集村、商丘市睢阳区李口镇清河口村刘旬庄村、信阳市光山县弦山街道同心村黄底下组、信阳市光山县泼陂河镇雀村宋桥组、信阳市光山县凉亭乡梁冲村晏洼组、信阳市光山县槐店乡陈洼村陈洼组、信阳市光山县文殊乡花山村周洼组、信阳市新县沙窝镇朴树店村宋冲组、周口市商水县邓城镇邓城东村、济源市邵原镇双房村、济源市思礼镇水洪池村	
第六批次	鹤壁市鹤山区姬家山乡高洞沟村、焦作市孟州市城伯镇西武章村、洛阳市嵩县德亭镇大王沟村、鹤壁市淇县黄洞乡对寺窑村、平顶山市宝丰县大营镇石板河村、安阳市林州市任村镇盘阳村、郑州市登封市大金店镇袁桥村、洛阳市城乡一体化示范区诸葛镇西山张村、洛阳市偃师区山化镇寺沟村、三门峡市陕州区西张村镇人马寨村、安阳市林州市任村镇前峪村、安阳市殷都区都里镇东水村、焦作市孟州市槐树乡源沟村、三门峡市渑池县陈村乡上南庄村、焦作市博爱县金城乡武阁寨村、安阳市林州市东姚镇北坡村、安阳市林州市任村镇阳耳庄村、洛阳市偃师区山化镇游殿村、平顶山市叶县夏李乡岳楼村、信阳市光山县文殊乡南王岗村、鹤壁市浚县屯子镇码头村、郑州市新密市超化镇超化村、郑州市登封市白坪乡寨东村、三门峡市卢氏县瓦窑沟乡凤凰村、鹤壁市鹤山区姬家山乡狐尾沟村、信阳市浉河区董家河镇三角山村、洛阳市嵩县黄庄乡三合村、焦作市博爱县许良镇许湾村、濮阳市台前县后方乡王楼村、三门峡市卢氏县徐家湾乡凤凰湾村、焦作市博爱县金城乡张茹集村、三门峡市卢氏县五里川镇河南村、	70

续 表

批 次	村落名录	数量/个
	南阳市方城县古庄店镇小郭庄村、三门峡市卢氏县瓦窑沟乡观沟村、安阳市林州市任村镇盘山村、鹤壁市淇县灵山街道凉水泉村、三门峡市灵宝市阳平镇南阳平村、新乡市辉县市薄壁镇平甸村、信阳市光山县南向店乡闵冲村、洛阳市嵩县德亭镇佛泉寺村、南阳市南召崔庄乡粮食川村、三门峡市卢氏县五里川镇北李村、信阳市光山县文殊乡方洼村、信阳市光山县晏河乡帅洼村、安阳市林州市茶店镇辛店村、鹤壁市鹤山区姬家山乡黄庙沟村、南阳市方城县广阳镇三贤村、三门峡市卢氏县官道口镇果岭村、三门峡市卢氏县官道口镇石大山村、郑州市新密市大隗镇大隗村、洛阳市嵩县德亭镇龙王庙村、新乡市辉县市拍石头乡黑沟水村、新乡市辉县市拍石头乡松贡水村、洛阳市嵩县车村镇明白川村、洛阳市嵩县大章镇万村、安阳市林州市茶店镇八里沟村、三门峡市卢氏县狮子坪乡柳树湾村、三门峡市卢氏县横涧乡青山村、三门峡市陕州区店子乡黄塘村、南阳市城乡一体化示范区新店乡阡陌营村、焦作市博爱县许良镇于庄村、南阳市西峡县田关镇曹沟村、焦作市博爱县金城乡刘村、平顶山市宝丰县大营镇三间房村、三门峡市陕州区王家后乡赵里河村、信阳市平桥区明港镇新集村、鹤壁市鹤山区姬家山乡姬家山村、平顶山市郏县堂街镇堂街西村、三门峡市卢氏县官道口镇新坪村、三门峡市卢氏县沙河乡张家村	

第一批数据来源：中华人民共和国住房和城乡建设部官网（https://www.mohurd.gov.cn/gongkai/zhengce/zhengcefilelib/201212/20121219_212340.html）。

第二批数据来源：中华人民共和国住房和城乡建设部官网（https://www.mohurd.gov.cn/gongkai/zhengce/zhengcefilelib/201308/20130830_214900.html）。

第三批数据来源：中华人民共和国住房和城乡建设部官网（https://www.mohurd.gov.cn/gongkai/zhengce/zhengcefilelib/201412/20141203_219694.html）。

第四批数据来源：中华人民共和国住房和城乡建设部官网（https://www.mohurd.gov.cn/gongkai/zhengce/zhengcefilelib/201612/20161222_230060.html）。

第五批数据来源：中华人民共和国中央人民政府官网（https://www.gov.cn/zhengce/zhengceku/2019-09/29/content_5434777.htm）。

第六批数据来源：中华人民共和国中央人民政府官网（https://www.gov.cn/zhengce/zhengceku/2023-03/21/content_5747708.htm）。

从空间布局看，这些传统村落的分布具有以下特点。第一，多集中在主要水系河流附近。作为人类生产生活中必不可少的重要资源要素，水源对村落选址起着重要作用。因此，河南传统村落主要分布在豫北的海河水系、平顶山市汝河以北及信阳市淮河南部支流附近，距离水源近的区域内传统村落数量相对较多，而商丘、开封、周口等远离水系的区域内传统村落的数量相对稀少。第二，广泛分布于海拔较高的山区。河南传统村落主要分布在海拔较高的西北边界、北部、中西部及南部山地，这些区域的海拔相对较高，地形条件复杂，使得村落受到外界的破坏和干扰较少，在一定程度上确保了村落风貌的完整性。第三，历史事件发生地分布较少。河南拥有独特的地理位置，自古便是兵家必争之地，也见证了许多重大历史事件，如邲之战（又称“两棠之役”）、秦灭六国之战、澶州之战等。此外，黄河的水旱灾害也给人类生存带来了一定的威胁。受此影响，周口、商丘、开封及濮阳等地很少有保留下来的传统村落。总之，河南的传统村落的空间分布受自然水系、地理环境、历史事件等因素的多重影响，靠近水系、海拔较高、历史事件少发的地区传统村落保留得较为完好。河南传统村落分布特征如表 7-8 所示。

表 7-8 河南传统村落分布特征

分区	代表区域	分布特征
豫中	郑州、平顶山、许昌、漯河	环嵩山带沿线，分布区域以浅山区、山前平原为主，主要分布在郑州登封，平顶山郏县、宝丰、汝州等地
豫东	周口、开封、商丘	受黄河水灾影响，平原地区传统村落数量较少，零星分布
豫南	南阳、信阳、驻马店	分布于伏牛山、桐柏山带状沿线，主要集中于信阳的光山县、新县、商城县等地

续　表

分　区	代表区域	分布特征
豫西	洛阳、三门峡	分布较为分散
豫北	焦作、新乡	主要分布在鹤壁淇县、安阳林州及新乡辉县、卫辉等地

（三）类型

根据影响河南传统村落形态的主要因素，河南的传统村落可以划分为农耕型村落、商贸型村落和防御型村落三种类型。

1.农耕型村落

农耕型村落以农耕生活为主要特征，这类村落在河南的分布较为广泛，除了平原地区，河南山地、黄土高原等区域也多有分布。豫东、豫北地区的农耕型村落地处黄河、淮河冲击而成的黄淮平原，受传统观念和气候因素的影响，其民居建筑形式一般为合院式。这种建筑形式是中原地区的基本形式，平面方正、中轴对称，有着明确的流线和完整的格局，表现出了严格的主从关系，形成了完整有序的空间序列。庭院是合院式传统建筑的核心，不仅反映了中原文化倡导的内敛性和凝聚力，还体现着居民精神层面的内省与含蓄。安阳、新乡、焦作、开封等地的传统村落中的建筑多为此类建筑形式。

农耕型村落一般坐落于山谷中较为平缓、背山面水之处，其民居建筑虽多为合院式，但与平原地区相比，多平行或垂直于山体等高线排布，呈阶梯式布局，隐蔽性更强。比如，南阳市内乡县岞岖镇吴垭村位于岞岖镇羽毛山上，地形布局呈前低后高，后倚高山，村前开阔，周边环境优美，整个村落掩映在茂林之中。村内的石头民居建筑大多为坐北朝南的三合院，顺应自然，依山而建，随地形和功能的需要灵活布局，鳞次栉比，极具特色。信阳市商城县冯店乡郭店村四楼湾村同样地处深山区，整个村落依山而建，现存房屋为五进建筑，依地势逐次抬高，主楼置后，布局错落有致。

农耕型村落主要分布在豫西地区的三门峡、洛阳一带，如巩义、洛宁、新安、陕州、灵宝等地。其传统建筑为窑洞或窑房结合的民间建筑。由于各地海拔高度、气温、降水量及黄土层厚度有很大差别，豫西各地的窑洞布局和结构形式并不完全相同，主要分为靠崖式窑洞和下沉式窑洞两种。靠崖式窑洞包括靠山式窑洞和沿沟式窑洞两种，前者通常出现在山坡、土塬的边缘地带，常依山向上呈台阶式分布，房屋前面有较开阔的川地，呈曲线形或折线形排列；后者多分布在沟壑的两个侧面，通过沟谷较窄，具有避风沙、调节局部小气候的特点。又因沿沟式窑洞地形曲折，所以村落内的窑洞群通常规模较小，且与自然环境结合更为密切。下沉式窑洞俗称“地坑院”，一般建在地面之下，有独立的院落。这类建筑主要集中于陕州、灵宝一带，如庙上村、刘寺村的窑洞布局比较密集，村落形态较为规整。

2.商贸型村落

商贸型村落是依托当地交通或某种产品的生产、交易活动发展而成的一种以商业贸易为主要功能的村落类型。比如，汝州市蟒川镇半扎村、郏县冢头镇西寨村、宝丰县大营村等。半扎村地处丘陵半山区，是万里茶道上的商业重地。明朝商业经济一度快速发展，随着万里茶道与宛洛古道的兴起，沿途商旅逐渐增多，茶商马队在此休息驻扎，故称半扎。纵贯中国南北的古商道促成了半扎村的发展和兴盛，“吃不完的大营饭、住不完的半扎店”便是对其繁荣盛况的生动描绘。西寨村位于许洛古道和郑南公路交界处，自明清时期就已发展为商贸中心，一时商贾云集，清末更有“日进斗金”之盛况。大营村地处伏牛山脉浅山地带，村内公路四通八达，南通鲁山，北达汝州，西至观音堂林站，东往宝丰，车辆川流不息。因村落地处鲁、宝、汝三县交界处，故为宛洛古道重镇，是商品物资的重要集散地。

3. 防御型村落

防御型村落与一般的村落相比，具有鲜明的防御特征。河南形成防御型村落的主要原因有三点：一是防范水患，二是安全需求，三是社会礼制。这类村落的典型景观有寨墙、垛口、哨楼等。卫辉市小店河村、信阳市白沙关等皆属此类。卫辉市小店河村周边地形三面环山，一面临水，山水格局形成了村落天然的防护屏障，村落周围陡峭之处砌筑了封闭的寨墙。信阳市白沙关地处大别山腹地，鄂、豫、皖三省接合部，素有“三省通衢”和“中原南门”之称。白沙关地势险要，易守难攻，是河南通往湖北的交通要隘。为保证村落村民的安全，白沙关村口设有南北两个寨门，属于典型的防御型村落。

二、河南传统村落保护与发展的具体做法

近年来，河南省持续加大对传统村落的保护力度，先后开展多次全省范围内的传统村落集中普查，全面掌握全省传统村落的数量、种类、价值及现状，并进行拍照留存、编册归档，为进一步做好传统村落的保护与发展工作打下了良好的基础。同时，相关部门根据当地传统村落的发展现状，遵循保护与传承并重，注重保护传统村落文化特色的基本原则，积极组织专业人员编制当地传统村落发展规划。他们根据不同地形、地区村落数量的多少、产业状态等客观条件，在充分尊重当地村民意愿的基础上对村落进行整体规划，还根据当前村落的文化特征，综合考虑生态效益、经济效益等因素，对村落的空间布局和产业发展进行合理规划，充分挖掘村落的优势资源，将传统村落的发展建设与旅游产业有机结合，探索出一条适合当地经济发展的新路径，使村民充分享受到了传统村落保护与发展带来的便利。下面就以几个典型的传统村落为例进行具体分析。

（一）小店河村

小店河位于河南省卫辉市西北太行山东麓，村落依山傍水，林木苍翠，乡村风情恬淡幽然，至今保留着完整的清代民居建筑群。其民居建筑的每处院落分别有二进、三进、四进、五进等形式，院落与院落间相连相通，既独立又互为一体。整个民居建筑群采用明清流行的硬山式建筑风格，既具有北方建筑的雄伟高大、浑厚淳朴的建筑形式，如高大气派的门楼、厚实的寨门等，又具有南方建筑小巧玲珑、秀丽文雅的委婉特色，如门窗雕刻细腻的小姐绣楼、彩绘精致的垂花门、院落与院落间曲径通幽的甬道等。整个村落将南北方建筑艺术巧妙地融为一体，形成了独特的建筑风格。另外，这些古建筑门头的石材匾额上多刻着“春观鱼跃”“秋听鹿鸣”“麟趾呈祥”等字样，显示了当地居民较高的文化素养和精神追求。

近些年，在政府的主导下，小店河村开展了一系列保护措施，如编制村落保护规划、完善基础设施建设、改善村落风貌等，同时依托特色资源，发展乡村旅游，吸引了一大批游客前来观光度假，促进了当地的经济发展。

（二）西河大湾村

西河大湾村位于豫、鄂交界的大别山腹地，属河南省豫南地区信阳市新县田铺乡管辖，地处周家河与张家河两河交汇之西，因地理位置而命名为西河大湾。该村落背靠狮子山，坐北朝南，布局合理，沿河两岸珍稀树种众多，具有较高的生态保护价值。该村落始建于明朝初期，村内至今保留着大部分明清民居建筑，其建筑形式为典型的三进院落，部分石刻、砖雕细致精美，具有深厚的文化意蕴，被誉为“最美历史文化古村”。

近些年，该村认识到文化遗产保护的重要性，并联合众多学者、专家对村落重新规划与设计，确定了“一带、两片、多景点”的风貌整治方案。其中，“一带”是指西河滨水风光带；“两片”是指西河南、北两大片区；“多景点”是指北片区的狮子山、大圣庙和南片区的榨油坊广场等。首先，该村确定了传统建筑保护范围，对规划区域进行分类保护。其次，该村在建筑整治方面的措施主要有修缮、整治与拆除。在修缮方面，该村参考文物保护单位的相关要求对重点传统建筑进行保养、加固与修复，对其他非重点建筑采取维修改善的方式，使其与整体风貌相匹配；在整治方面，该村保留与村落风貌相一致的建筑，通过降层、平改坡、外立面整治等修整措施调整与村落风貌不一致的部分；在拆除方面，该村主要对影响村落整体景观的建筑实施拆除。再次，村落紧抓乡村旅游发展契机，依托当地文化资源，开发建设了古树、广场等景观区及西河粮油博物馆，由此衍生出西河特色小吃、乡村柴火饭、根雕手工艺品等丰富的产业形态，并通过引进现代营销理念，先后培育毛尖、阳荷姜等特色产业，大力发展“后备箱经济”，建设现代农业观光体验园，实现了村落的活态发展。

（三）王英沟村

王英沟村位于河南省平顶山市郏县黄道镇，该村始建于明代洪武年间，村内至今生长着20余棵汉槐、皂角等古树，树龄均在千年以上，素有“古树王国”之称。该村还保留着老窑洞、古建筑、古井等物质文化遗产及精致的石雕、木雕、砖雕等建筑工艺。近年来，在当地政府的正确领导下，王英沟村中的传统建筑、传统文化得到了很好的保护与发展。为了更好地保护传统村落中的自然生态、建筑风貌、人文环境，郏县委托相关单位编制规划，严格保留传统村落历史格局，对不协调建筑采取拆除、立面改造等整治措施，对古树、古街、古道、古寨门等历史要素进行重点保护。另外，郏县结合本地传统村落的布局特点，重点实施传统村落的集中连片保护，将村落中的民俗文化与乡村旅游有机结合，构建了融休闲农庄、观光采摘园、田园综合体为一体的乡村旅游格局。为深入挖掘乡村历史文化遗产，打造传统村落群，郏县联合相关部门对全县的非物质文化遗产资源进行了普查，搜集民俗、民间文学、游艺、民间音乐等非物质文化遗产项目，并将其合理融入旅游项目当中，实现了非物质文化遗产的活化利用。郏县还通过完善非物质文化遗产代表性传承人制度，对各级非物质文化遗产传承人实行认证评估和动态管理，为传承人提升技能搭建平台、提供机会。

三、河南传统村落保护与发展的启示

在开展传统村落的保护工作之前，政府要对传统村落的保护现状进行全面调查，以了解和把握全局。政府应将具有文化特色和历史遗存的村落进行分类，并有针对性地制订保护方案，使文化遗产保护和经济发展协调进行，避免片面的开发带来人为的冲突和损失。

政府可以邀请人文、建筑、设计等专业领域的专家、学者参与传统村落的保护与发展工作，积极探索利用传统村落非物质文化特色资源发展村落特色文化产业的策略。

政府要正确处理保护与发展的关系，坚持保护与发展相统一的原则。这是因为只有保护，不求发展，就会使传统村落脱离现代社会，最终被时代淘汰；只追求发展，不重视保护，则可能使传统村落丧失文化价值、历史价值。

第四节　安徽传统村落的保护与发展措施

一、安徽传统村落概况

安徽简称“皖”，地处我国华东长江三角洲腹地，东连江苏、浙江，

西接湖北、河南，南邻江西，北靠山东，地跨长江、淮河、新安江三大流域，省内有淮北平原、江淮丘陵、皖南山区三种地貌形态。安徽在气候上属暖温带与亚热带的过渡区域，以淮河为界，淮河以北的地区属于暖温带半湿润季风气候，淮河以南的地区属于亚热湿润季风气候。安徽的气候特点为季风明显，四季分明，春暖多变，夏雨集中，秋高气爽，冬季寒冷。由于安徽处于中纬度地带，随季风的交替，其降水也会发生明显的季节变化。另外，安徽还是我国史前文明的重要发源地之一，文化底蕴深厚，并以徽州文化为代表。徽州文化主要是指宋元明清以来根植于徽州本土并经由徽州商帮和徽州士人向外传播，进而影响其他地域文化进程的一种区域性历史文化。就其内容而言，徽州文化内容丰富，包括徽州商帮、新安理学、徽州宗族、新安画派、新安医学、徽派篆刻、徽州文书契约、徽派版画、徽派朴学、徽派建筑、徽州工艺、徽州方言等。

安徽是我国传统村落较为集中、数量较多的区域之一，大大小小的传统村落多集中分布于安徽南部的山区地带，具有鲜明的地域文化特点和较高的观赏价值、研究价值。受皖南地域特有的地理环境、社会结构及徽文化等因素的影响，这些传统村落大多完整地保留着明清时期的原貌格局，其建筑形式、文化习俗、生活方式也多沿袭至今。截至 2022 年 12 月，安徽共有 470 个传统村落被列入中国传统村落名单，其中第一批次 25 个，第二批次 40 个，第三批次 46 个，第四批次 52 个，第五批次 237 个，第六批次 70 个。这些传统村落多分布在皖南高海拔的山区，因为山区地形复杂，丘壑众多，能够为传统村落提供天然的保护屏障，同时山区地势平缓之处可用作良田，能够满足村民自给自足的生产生活需求。这些村落的选址多遵循高地建房、依山而居、傍水结村的原则，以确保村落的安全性、自然和谐性。

从村落规模看，安徽的传统村落规模具有南大北小、平原大山区小的特点。这是因为安徽北部的传统村落主要以农业经济活动为依托，其规模较小，而安徽南部的传统村落以商业等非农业经济活动为依托，其规模较大。平原地区由于耕地比重偏高，单位土地承载力大，村落规模较大，而在山地丘陵区，耕地面积较小，村落规模较小，多以散居为主。从村落形态看，受地形地貌、历史背景等因素的影响，安徽各地传统村落的形态差异较大。其中，淮北平原、沿江平原地区的村落多为组团状，皖南山区的传统村落则以散点状、阶梯状为主。

安徽传统村落中的建筑多处于青山绿水的环抱之中，前人利用地形，因地制宜，选择不占用农业耕种的最佳用地，依山造屋，傍山结村，顺其自然，同时充分利用屋外的空间建菜园、花园，栽树木、盆景等，使所居四周处处皆景，人工与自然有机结合，建筑与环境和谐共处，你中有我，我中有你，充分体现了“天人合一”的生态自然观。安徽传统民居建筑多采用对称式院落布局，厅堂常居中布置，坐北朝南，厢房多位于厅堂两侧。受自然环境限制，传统民居院落的尺度一般较小，形成了以天井为核心的院落空间。

二、安徽传统村落保护与发展的具体做法

安徽为促进传统村落的保护与发展，坚持保护和利用有机结合的思想理念，在保护的前提下合理开发旅游产业，既保留了传统村落的生存环境和传统肌理，维护了文化遗产的“原真性”，又促进了旅游产业的发展。比如，黄山市根据传统村落的特点编制了相关规划，开展了“百村千幢”古民居保护利用工程，在保护的基础上重点打造传统村落旅游新业态。在具体操作上，黄山市采用原地保护利用和异地保护利用相结合的方式，科学规划、依法推进，较好地保护了传统村落的空间格局，延续了传统村落的风貌。同时，该市重点保护传统村落的自然生态环境，恢复村落周边森林植被，对与当地风貌不相符的建筑实施合理改造和处理，积极推进非物质文化遗产的保护与传承，形成了以民间非物质文化

遗产博物馆为主、以专题展示中心为辅的多元文化保护格局。黄山市立足地方特色，致力优秀传统文化的传承和发展，着力挖掘和彰显徽州文化的时代价值，深度整合“文化＋旅游”模式，高位启动村史馆项目建设，使之成为展示安徽传统村落乡土文化、保留农耕文明、丰富基层群众精神文化生活的重要载体和平台。另外，黄山市积极推动保护与利用方式推陈出新，创新实施古民居的认购、认领、认租工作，建立了古民居产权转让平台和机制，打通了社会力量参与古民居保护利用的通道。近些年，黄山市各地注重吸纳传统村落中的建筑元素，运用科学的方法对区域内传统建筑的特色元素进行提炼，形成了符合本地特色的设计风格，让美丽乡村更有乡村韵味和地域特色，真正促进了传统村落的创新发展。

三、安徽传统村落保护与发展的启示

在传统村落保护与发展过程中，政府应以乡村振兴战略统筹传统村落保护发展工作，坚持把传统村落保护与美丽乡村建设结合起来，与传统文化的保护和传承结合起来，与文化旅游和农业特色产业的培育结合起来，从源头上保护和发展传统村落文化，提升传统文化和区域文化遗产价值，有效整合文化资源，统筹推进文化、生态、旅游、产业等综合发展，助力乡村振兴战略的实施。

第五节　贵州传统村落的保护与发展措施

一、贵州传统村落概况

（一）概述

贵州简称“黔”或“贵”，位于我国西南内陆地区，东毗湖南，南邻广西，西连云南，北接四川和重庆，是我国西南地区重要的交通枢纽，辖贵阳、遵义、六盘水、安顺、毕节、铜仁6个地级市，黔东南苗族侗族自治州、黔南布依族苗族自治州、黔西南布依族苗族自治州3个民族自治州。贵州的传统村落受当地特殊的自然因素的制约，反映着当地村民合理利用自然的智慧，呈现出丰富多样的民族特色，如苗族的特色苗寨、布依族的山寨、侗乡的鼓楼等。

贵州地势西高东低，山地、高原居多，地跨长江和珠江两大水系，省内喀斯特地貌范围广泛，地域分异明显，构成了一种特殊的岩溶生态系统。贵州属亚热带湿润季风气候区，气候温暖湿润。受地形因素影响，全省气候复杂多样，各地气候差异较大，但气温变化不大，冬无严寒，夏无酷暑，四季分明。

贵州拥有悠久的发展历史，是中国古人类的发祥地和中国古文化的发源地之一，现已发现多个新石器时代的文化遗址，具有重要的科学研究价值。随着时代的发展，中原文化、巴蜀文化、滇文化、荆楚文化在此交融，独特的地理环境和深厚的历史源流使得贵州的传统村落拥有极为丰富的文化遗产，也使得贵州成为我国传统村落分布较为集中的省份。截至2022年12月底，贵州共有757个传统村落被列入中国传统村落名录，其中第一批次 90 个，第二批次 202 个，第三批次 134 个，第四批次 119 个，第五批次 179 个，第六批次 33 个。按照传统的划分方式，贵州一般分为黔中地区、黔西地区、黔西北地区、黔北地区、黔东北地区、黔东地区、黔东南地区、黔南地区、黔西南地区 9 个地区。从空间布局看，贵州的这些传统村落主要分布在黔东南地区和黔南地区，这些地区多为少数民族聚居区。下面就以黔东南地区的传统村落为例，分析贵州传统村落的主要特点。

（二）特点

黔东南地区传统村落数量众多，是我国传统村落分布较为集中、保存较为完整、特色较为鲜明的地区之一。黔东南地区各族人民依山而住、傍水而居，选址于高山之岭、丛林深处或溪流河畔、山间河坝，以独特的方式构筑自己的栖息之所，与自然保持着一种和谐共生的关系。黔东南地区传统村落主要分布于以雷山县、台江县为中心点的“苗疆腹地”，以及以黎平县、从江县为中心的黎从榕侗族聚居区。这些传统村落有着悠久的发展历史，始建年代大多集中于明清。在这些村落中，苗族村落的数量最多，代表村落有格头村、岜沙村等，侗族村落次之，代表村落有黄岗村、增冲村、占里村等，其他民族村落还有瑶族村落、壮族村落、水族村落、汉族村落等。这些民族村落都是贵州传统村落的重要组成部分，共同创造了许多物质文化遗产和非物质文化遗产。比如，从江县的高阡古楼、增冲鼓楼、金勾风雨桥等重点文物保护单位坐落于这些民族村寨内，村寨的建筑风格、民族节日、民族服饰、民间技艺、生产生活习俗等非物质文化遗产也得到了较好的保护与传承。

苗族村落主要分布在山腰或山顶，其主要特点是因势利导、布局灵活，并借地貌风景组织主体空间。苗族村落中古建筑的建造手法是利用山的坡度或分层建筑，使层顶逐层升高，或利用不同高度的地面，统一层顶高度，前两层后一层，或者用悬挑、吊脚的构造手法建造吊脚楼。

位于贵州省黔东南苗族侗族自治州雷山县的上郎德村是典型的苗族村落，该村落始建于元末明初，民居依山而筑。村内有古城墙、古井等文物古迹及历史悠久的清式建筑——杨大陆故居，民居建筑则为典型的木吊脚楼建筑，传统服饰以长裙为主，另外还保留着拦路酒歌、盛装苗舞、芦笙舞等传统民俗活动。

侗族村落主要分布在依山傍水的河谷两岸，村落沿河流阶地或山麓地带呈条状或环状分布，其民居一般也沿河流排列成线状。侗族村落呈现出这种分布特征主要是因为侗族的生产生活方式多与“水”有关，如水耕稻作、家庭养殖业等都离不开水源。由于黔东南地区气候潮湿多雨，人们为了防湿通风，多建造下部架空的干栏式建筑。这种侗居多为 2 ～ 3 层，1 ～ 2 个开间，3 ～ 5 柱进深，层层出挑，带抱厦，大出檐，一层进口，登梯入廊，廊为宽廊，多为 2 ～ 2.5 米，迎朋会友、纺纱织布等活动皆在廊中进行。比如，位于贵州省黎平茅贡乡北部的地扪村就是侗族村寨的代表。该村落依山傍水，千三河蜿蜒穿过，村内民居也多沿小河两侧分布。村寨内的房屋布局多依山势而建，错落有致。由于当地气候温暖、潮湿、多雨，当地民居住宅多为木质廊式干栏建筑，为防雨水侵蚀，屋顶呈 30 度小青瓦屋面；为达到防潮、隔热的效果，当地人采用底层架空的构造，形成吊脚。

二、贵州传统村落保护与发展的具体做法

近些年，贵州为促进传统村落的保护与发展，将传统村落作为优秀传统文化传承的重要载体，深入挖掘传统村落的文化价值、社会价值、历史价值，并围绕乡村振兴战略研究和采取了各项保护措施，探索保护与传承传统文化的新途径，初步建立了传统村落保护与发展的长效机制，为其他区域传统村落的保护、传承与发展提供了可借鉴的经验。特别是黔东南地区牢牢守住发展和生态两条底线，积极盘活传统村落的文化遗

产，深入开展传统文化保护、传承，公共设施建设，特色农业培育等各项活动，积极探索实施“特色旅游＋传统村落”融合保护发展模式，助推传统村落高质量发展。为实现这一目标，黔东南地区主要从以下几个方面做出了努力。

第一，依托党建力量，建立高位推进体系。为进一步促进传统村落的保护与发展，黔东南地区成立了以政府为主导的保护小组，积极发挥基层组织的战斗堡垒作用，提升村党组织引领村集体经济发展的内生动力，推行多元化保护利用模式，形成了政府引领、党员示范、群众参与的保护与发展模式。该地区坚持统一目标、共同发展的理念，将传统村落的各项保护措施纳入各村落的村规民约当中，发动群众参与村落保护管理，实现传统村落保护自我监督、自我约束，促使古老的历史文化遗存在乡村振兴中焕发勃勃生机。同时，黔东南地区出台了多项保护条例和建设方案，为传统村落的保护与发展保驾护航，如《黔东南苗族侗族自治州民族文化村寨保护条例》《黔东南传统村落信息服务平台建设方案》等。

第二，积极创新保护方式。黔东南地区依托传统村落旅游资源，充分利用国家级、省级传统村落数字博物馆上线契机，对传统村落的发展历史、传统建筑、民俗文化等内容进行全方位、深层次的展示，提升村民对本民族文化遗产的热爱、认同和保护意识，并通过合作、自建、捐建等模式保护文化遗产的原真性，如黎平堂安侗寨、隆里古城生态博物馆（汉族）保护传承模式。其中，堂安侗寨四面青山，层峦叠嶂，阡陌纵横，梯田层叠。为保护传统村落的各项文化遗产，当地政府批复建立了堂安侗族生态博物馆，这对推动侗族文化的整体保护和经济发展具有特殊的意义，使该区域内独特的物质文化遗产和非物质文化遗产在动态的历史过程中得以储存、传承、延续和发展。生态博物馆的建设强调在整体保护文化遗产的同时，将村落保护与当地社会经济发展紧密结合，要求实现生态博物馆与当地社会经济共同发展，产生良性互动。这就需要政府充分挖掘相关文化资源，依托旅游观光、文化休闲产业，科学合理地发挥生态博物馆推动村落经济社会发展的特殊作用，促进资源优势转化为经济优势，推动传统村落产业调整。

第三，黔东南地区积极探索“传统村落＋特色旅游”保护新模式，推进旅游体制机制改革，完善旅游发展规划，实现了传统村落的创新性发展。比如，西江千户苗寨位于贵州省黔东南苗族侗族自治州雷山县东北部，植被丰富，环境优美，空气清新，整个苗寨依山而建，择险而居，点、线、面的空间布局合理，素有“露天博物馆”之称。当地政府遵循“在开发中保护，在保护中开发”的发展原则，依托民族特色村寨壮美的自然风光和独特的民族风情，积极促进旅游产业发展，并将旅游收益用于传统村落保护，积极修缮和保护具有历史文化价值的古建筑和特色民居，真正实现了“以开发促保护，以保护促发展”的双赢局面。肇兴侗寨位于贵州省黔东南苗族侗族自治州黎平县，该村寨四面环山，建于山中盆地，有小河穿寨而过，寨中房屋为干栏式吊脚楼，鳞次栉比，错落有致，全部用杉木建造，上覆小青瓦，古朴实用。近年来，当地政府在保持村寨历史原貌和传承民族特色文化的同时，加大基础设施建设，打造特色旅游产品，使肇兴侗寨在保护与传承中得以持续发展。

与传统农耕文化相结合也是创新传统村落保护与发展的新模式。黔东南地区将传统村落的保护、发展与传统农耕深度融合，展现传统农耕生产生活方式，保护反映村落历史和农耕特色的历史环境要素，建设农耕文化传承基地，推进传统村落的文化遗产与农耕文明的双重保护。比如，黎平县尚重镇洋洞村至今仍保留着生态农耕方式，并将其生态价值与“守农有牛”的文化内涵相结合，成功打造了“牛耕部落”。另外，从江县加榜乡积极发挥传统村落自身优势，与梯田生态资源进行了有机融合，建成了国家级湿地公园——加榜梯田稻鱼鸭休闲农业示范区，对传统农耕文化进行了很好的传承与利用。

第四，重视文化遗产的传承与发展。黔东南地区积极建设、修缮传统村落中的文化载体空间，通过多样化、集中展示传承银饰、苗绣等民族特色文化遗产，不断强化村民对本民族特色文化的认同感和自豪感，并成功建立多所侗族大歌传承基地。黔东南地区采取多种模式对非物质文化遗产项目进行有效的传承保护和合理的开发利用，如以“苗族古歌”“苗族贾理”为代表的口传类非物质文化遗产项目不断取得新的研究成果，以“侗族大歌”“苗族芦笙乐舞”为代表的表演艺术类非物质文化遗产项目已被成功应用到旅游产业项目中，并转化为实际的经济效益。同时，黔东南地区注重民族文化传承人的培养，黔东南民族职业技术学院、凯里学院等高校积极开设民族工艺设计与制作专业，培养了一大批民族手工艺专业人才，使民族文化在现代社会焕发出新的活力。

第五，建立村寨试点，强化示范作用。黔东南地区将村落保护与利用和示范试点村相结合，将传统村落串联成片，充分发挥其引领示范作用，促进乡村振兴与美丽乡村建设。这些村寨试点以污水治理、垃圾治理、厕所革命、田园建设、村庄风貌整治、公共基础设施与服务建设等为重点，持续改善村庄人居环境，彰显乡村活力。

第六，培育多元产业，推动村落发展。黔东南地区规划建设了传统村落旅游示范村，通过实施村寨环境综合整治、建设精品酒店、改造精品民宿、开展村民培训等项目，不断提升村落的服务质量。同时，黔东南地区积极发展“互联网＋村落资源”，着力打造民族村寨品牌，借助互联网平台销售与推广本地特色农产品、文化产品，拓宽当地群众增收的路径，促进村落保护与发展的良性互动，实现了经济效益与保护传统村落的双赢。

总之，黔东南地区在规划、保护、传承、利用、发展等方面精准施策，积极推进传统村落保护与发展工作，探索出了一条黔东南苗族侗族自治州传统村落保护与发展的新路径。下面就以几个典型的传统村落作为案例进行重点分析。

（一）上郎德村

当地政府为推动上郎德村的保护与发展，制订了该村建设实施方案，从领导管理到全民参与，从文化遗产保护到创新传承机制，都进行了明确的规定，真正促进了村落的经济发展与苗族文化的保护。

当地政府不仅成立了以县委和县政府有关领导为组长、以县直有关部门为成员的传统村落保护与发展领导管理小组，对古建筑进行科学评估，对上郎德村周边景观环境、非物质文化遗产、民俗活动空间进行统筹，还建立了专项资金，先后对寨内的基础设施进行了不同程度的维修与改造，如修建卫生室、防火水池，疏通排水沟，以及修复杨大陆故居，将其改建为杨大陆博物馆，等等。为了扩大村落的知名度，有关部门不断加强对上郎德村的宣传力度，发展民族文化旅游业，保护与传承非物质文化遗产，如建筑工艺、服饰制作工艺、苗族歌舞文化、民俗节日文化等，并形成了独特的民族文化旅游开发与管理模式（工分制）。为确保消防安全，上郎德村还实行了“十户联防”措施，及时消除火灾隐患。这一系列举措让村民充分认识到了民族文化的重要性，自觉形成了保护本民族文化的意识，极大地促进了村落的可持续发展。

（二）地扪村

地扪村在传统村落的保护与发展方面建立了社区联席会议制度，构建乡政府、村“两委”、生态博物馆三位一体的村寨社区长效管理机制。同时，地扪村建立“村落文化保育和社区发展公共基金”，发展村寨集体经济；建立乡土建筑工匠队，以奖代补，实施文物保护工程、文化惠民工程。地扪村还规划建设茅贡乡创小镇，以点促面，带动周边百村发展，跳出了传统旅游发展模式。

从整体看，地扪村实施的发展战略是典型的政府主导型的旅游发展战略，强调政府在景区规划中的主导地位。各级政府将本地区的旅游规划上升为一种政府行为，成立各级规划小组，划拨规划专项资金，对其辖区内的景区设立不同层次的规划。另外，各级政府和相关部门每年还会编制促销方案，并划拨固定的旅游宣传促销经费，以扩大地扪村的宣传范围。

（三）楼上村

楼上村隶属贵州省铜仁市石阡县国荣乡，地处喀斯特地貌地区，三面环山，自然景致优美。该村寨始建于明代弘治六年（1493 年），是一座以周氏家族为主的血缘村。楼上村融古楼、古巷、古桥、古井、古树、古墓为一体，被誉为“佛顶山下的明清传统村落”。村寨居住区内古巷呈“斗”字形，屋舍窗门上雕刻着梅花、蜻蜓、喜鹊、蝴蝶等吉祥图案，精致优美，各巷道均以青石板铺路，斑驳凹凸。这些巷道还是村寨的防火带，一旦发生火灾，人们可以借助巷道两侧石墙直达屋顶，把瓦掀开截断火路，阻止火势蔓延。除了古民居外，楼上古寨还保存有明万历年间的梓潼阁，清朝末年的古戏楼，民国时期的天福井、周氏墓群、小屯寺等历史遗迹。楼上村还拥有丰富的非物质文化遗产，如“说春”、木偶戏、石阡傩戏等。

该村统筹考虑保护与发展的问题，从调研工作开展初期就开始考量如何更好地通过参与式发展的方式增强村民的获得感，推进乡村振兴。该村充分听取各方意见与建议，致力“跳出文化保护文化、跳出旅游引领旅游、跳出村落发展村落”的传统村落保护与发展的路径，最终在各方共同努力下，整合传统村落优势，建成了楼上生态博物馆。楼上生态博物馆以专家工作站为支撑，吸引了大量优秀专家、学者前来参观考察，通过文化赋能，深挖村落价值，实现了村落价值与城市人才资源的有效融合。

在组织保障方面，该村寨按照“联村发展”的模式，以村“两委”换届为契机，选优配强村“两委”干部，并聘用村务工作者，建设了农村基层党组织带头人队伍。同时，该村充分整合村内工青妇、专家智囊团、春晖人士、党员先锋、村民自治组织等群体，通过组建线下交流团、线上交流群等方式，夯实传统村落保护与发展的基础，为全面推动传统村落的发展提供了坚强有力的组织保障。

在文化保护方面，楼上村以传统保护利用为重点，以改善民生为核心，以科学规划为基础，在相关部门的协助下，对传统建筑实施整体规划、整体布局的保护措施。楼上村在保留原有建筑特色、文化特色和生态资源禀赋的基础上充分采纳村民的意见，不仅保留了传统建筑的原始风貌，还避免了保护性破坏行为的发生，真正推动了村落文化价值、历史价值的保护与传承，为发挥传统村落的经济效益、生态效益打下了坚实的基础。楼上村深入探索自身的耕读文化、迁徙文化，聚合多渠道帮扶资源，建立数字乡村创意产业园，以“周氏”原生态文化为特色，通过村落建筑格局、整体风貌、生产生活等传统文化和生态环境的综合保护与展示，构建了生态文化保护模式。

在美丽乡村建设方面，楼上村按照美丽乡村建设的总体要求，依托村落特色、田园风光优势，注重村落细节打造与基础设施建设，鼓励群众积极参与到村落的保护与发展实践中，并将乡村振兴与生态博物馆建设有机融合，通过建设村寨，造福百姓，让群众在保护与发展中获益，进而引领全域发展。

在非物质文化遗产传承方面，楼上村紧抓发展机遇，依托村落人文资源，结合楼上古寨蕴含的茶道、礼道、香道、墨道等文化元素，建设非物质文化遗产传习所。楼上村将说春、清明会等民间习俗进行重新梳理，并通过举办民俗活动、还原民族特色村寨原貌等方式，保护与传承特色文化，扎实推进文旅融合发展。

在产业发展方面，楼上村围绕乡级“坪上生态茶园、长荣楠木游园、楼上精神家园”的集成发展格局，以“合作社＋基地＋农户”的方式，不断完善利益联结机制，创建了石阡楼上夜郎文创馆、刺绣馆，切实推动了村落经济发展。

三、贵州传统村落保护与发展的启示

首先，完善传统村落保护与发展的相关法律法规。当地政府要统筹规划，加强管理，正确处理保护与发展之间的关系，注重发挥基层工作人员的作用，制定相对完善的保护与实施细则、相关规定，合理开发传统村落中的资源。传统村落的保护需要各级政府、专家、村委会、村民、旅游公司等的共同参与，通过各方力量的汇集来归纳和阐述传统村落的遗产价值。在此基础上，政府要勾勒出保护与发展愿景，进一步确定具体目标，并就传统村落的遗产保护和可持续发展的近期行动形成共识。值得注意的是，相关制度的确立需要政府充分考虑传统村落所在地区的实际情况，以传统村落遗产价值维护和管理为基本原则。各级地方政府可以根据当地传统村落的特性，在严格遵守国家出台的相关法律法规的基础上，制定地方性的传统村落保护规章制度，为传统村落的保护与利用工作提供更具体、更完善的实施依据。地方性保护规章制度的制定应着眼于经济、社会和生态等多方面效益的协调，促进村落保护、环境美化、经济发展和文明和谐。

其次，夯实基层基础，建立依靠群众的动力机制。传统村落的保护与发展事关群众切身利益，政府应充分发挥村落基层组织的核心作用，积极做好传统村落保护与发展的宣传引导工作。一方面，政府要始终把维护村民切身利益放在首位，充分尊重村民意愿，同时将传统村落保护与发展的有关政策向村民宣传到位；另一方面，政府要在规划编制过程中组织村民代表或全体村民进行听证，将项目组织、申报、立项、招标、实施、验收等各个环节及资金使用情况向村民公示，切实做到公正、公开、阳光、透明。

再次，注重人才培养和管理体系建设。专业人才的培养是促进传统村落保护与发展的前提。政府应注重当地管理人才的培养，通过专业培训使他们掌握传统村落管理方法。同时，政府要培养传统建筑维护与修缮人才、非物质文化遗产传承人才，推进传统村落物质文化遗产与非物质文化遗产的传承和保护。

最后，整合现有旅游资源，探索全新的发展模式。休闲农业和乡村旅游是实现传统村落可持续发展的重要措施。政府应因地制宜地发展休闲农业和传统村落旅游项目，依托互联网优势，积极探索“互联网 + 乡村旅游”新模式，统一品牌培育和营销，扩大传统村落旅游的知名度和影响力。同时，政府应充分利用音乐、摄影、自媒体等宣传媒介，加大对传统村落旅游项目、人才、企业和特色产品的宣传力度，提升传统村落旅游整体形象。

第八章　传统村落保护与发展的保障机制

第一节　政策机制：健全制度与法治体系

一、制定专门的制度

各级政府要制定具体的保护规定，明确政府、村民及相关人员的责任与义务，并依据传统村落的现实状况，制定相关制度。这些制度的内容应包括加强对传统村落的科学管理与分级保护、挖掘传统村落中的文化价值、建立传统村落保护数据库等，进而将传统村落的保护与发展纳入科学化、规范化、法治化的轨道上来。

二、严格落实建设管控规定

政府应通过建立传统村落保护档案、动态监控体系和派驻保护检查员等措施落实建设管控规定，根据传统村落的历史文化遗存现状和传统村落保护规划的相关制度规定，对传统村落的村域环境、传统建筑、历史文化要素、非物质文化遗产等内容进行调查和资料整理，并通过文字、图片和视频等形式建立传统村落档案，为后期的管理打好基础。同时，政府应及时将纳入保护体系的传统村落作为监控对象，以长期从事传统村落保护与发展研究的专业机构作为监测主体，对传统村落的不同保护层次进行动态监控。

三、建立多元支撑的投入机制

传统村落的保护与发展具有显著的公共性和普惠性。鉴于此，政府应根据本地区经济发展的实际情况，探索财政投入、社会投资、村集体自筹的多元投入机制（根据实际情况自由组合），充分发挥财政资金的引导作用，带动社会资金投入。具体而言，政府要充分整合各部门涉及传统村落保护与发展的专项资金，鼓励村集体安排专门资金用于传统村落的建设与发展。另外，政府还可以通过公共财政投入、旅游收益提取等途径筹集资金，以保障传统村落中古建筑的修缮与维护，尤其是对自主保护私有传统建筑的村民，要根据其修缮的传统建筑的遗产价值、修缮质量等维度予以适当补助，以提高村民保护传统建筑的积极性。但是，传统村落的保护涉及基础设施和公共服务设施改善、传统建筑的修缮、非物质文化遗产保护等多个方面，单靠政府的资金投入或村集体的自筹是难以保障的。因此，政府还需要建立社会资金参与保护的长效投入机制，通过传统村落旅游经营权转让、古民居租赁、周边适度开发等方式，合理导入社会资金用于修建传统村落的基础设施和公共服务设施，促进传统村落的可持续发展。

四、给予一定的优惠政策

当地政府可以给予一定的优惠政策吸引当地居民回归，共同建设美好家园。一方面，政府可以吸收大学生加入传统村落的建设与发展中，充分发挥大学生的优势；另一方面，政府还可以对参与传统村落保护与发展的开发商、承建商提供政策上的优惠和便利条件，鼓励开发商、承建商积极投入传统村落的保护与发展工作中，促成传统村落保护与发展的良性循环。

第二节　参与机制：强化民众的保护意识

传统村落的保护不是保护一个建筑、一条古街，而是保护一种独特的文化。因此，政府应通过宣传与教育，唤醒和提高民众的文化保护意识。政府在制定政策时应让民众参与其中，倾听他们的声音，尊重他们的意愿，考虑他们的利益，唤醒民众的文化自觉，提高民众保护民间传统文化的意识。政府也可邀请专家、学者对民众进行培训，让民众充分认识到传统村落中传统文化、传统建筑的重要价值，增强民众的文物保护意识。

政府应编制与之相适应的建筑改造方案或基础设施营建方案，顺利解决保护与发展之间的矛盾。对于民居建筑，政府要重视村民的实际生活需求，对民居建筑的内部功能空间进行优化设计，使村民真正享受到保护传统村落带来的益处，让村民自发地参与传统村落的保护与发展工作。比如，海南省东方市江边乡白查村为黎族村落，该村至今保留着海南黎族地区独特的民居建筑——船型屋，这种建筑是优秀建筑技艺的重要载体。当地政府结合村落实际，鼓励民众积极参与船型屋的保护与修缮工作，不仅很好地促进了这一非物质文化遗产的保护与传承，也在一定程度上提高了民众的生活水平。

第三节　规划机制：编制保护与发展规划

一、规划意义

编制规划是促进传统村落保护与发展的关键环节。要想编制好传统村落保护与发展规划，政府需要对传统村落有深入的了解和认识，在现有国家土地制度与农村制度的框架内探索多样化的土地和宅基地权益的解决方案，找到适合被规划村落资源条件的经济社会发展方向，带领村民真正走上可持续发展道路。因此，政府应重点研究传统村落的村落布局、历史建筑、基本农地的保护，以及民居宜居性的改造、整体风貌的保持和传统文化的传承。这样一来，政府编制的规划方案才能符合传统村落的实际情况并为村民所接受，也才能为传统村落的保护与发展工作奠定良好的基础。

二、遵循原则

（一）坚持规划先行原则

传统村落的保护与发展必须先规划后实施，充分发挥规划的引导作用。政府要对传统村落的保护与发展进行科学规划、统筹安排，坚持以人为本，促进村落的可持续发展。具体而言，政府应研究编制传统村落的风貌保护规划、文化保护规划和整体发展规划，逐步完善与之相适应的村落改造规划和旅游发展规划。政府还要做好传统村落整体保护规划和具体项目规划的衔接，严格依据规划开展工作，避免无章无序建设。另外，传统村落和民居建筑的文物保护工作具有一定的特殊性。因此，政府在编制规划的过程中应重点做好规划前期调研、评估工作，探索完善、合理的评估方法，合理确定保护对象，科学划定保护区域。

（二）分级分类规划指导

受历史、环境等因素的影响，传统村落中的各种资源之间存在着一定的差异性。因此，在具体实践中，政府应根据各村落的实际情况，规划出特定的保护区域，实行分级分类保护。

对于村落中的建筑群及构筑物，政府应建立不同建筑的分级分类保护体系，包括保护建筑、一般整治、重点整治、保留改建和拆除建筑等，并制定各类建筑的保护指南和细则。

对于传统村落中的文化遗产，政府应健全村落文化遗产保护体系，分级分类实现精准保护。一方面，政府要定期开展文化遗产资源普查，建立保护对象的预备名录；另一方面，政府应根据保护对象的功能特征、所处空间和保护利用方式的差异，以价值评估为基础，实施分级分类保护管理。

（三）坚持活态传承，实现可持续发展

要想促进传统村落的保护与发展，政府应合理挖掘传统村落各项资源的使用功能和利用方式，在保护的前提下，以可持续的方式对各项资源进行活化利用，使其更具生命力。

另外，政府应在保护地方社会文化特色的基础上完善民居建筑生活空间的现代功能，以维护其生活气息和文化活力，实现传统村落的可持续发展。

三、主要步骤

一般来说，传统村落保护与发展的规划机制主要分为以下三个步骤。

（一）对传统资源进行调查、分析与建档

在编制传统村落保护与发展规划时，政府应对村落各项资源的现状、特色、价值、保护情况及所处的自然、社会环境等进行详细的调查，分析其特性，并在此基础上建立传统村落档案，为保护与发展规划的编制及后续工作做好铺垫。传统村落的档案内容应原汁原味且客观地反映村落的真实情况，如村貌、村史、村俗、村遗、村味、村艺等。

（二）编制传统村落保护与发展规划

传统村落中的各项资源主要包括村落自然环境、空间格局、传统建筑物、历史环境等要素。因此，政府在编制传统村落保护与发展规划时，要遵循相关保护规划原则及法律法规，重点考虑传统村落资源的传承与可持续发展因素，在此基础上提出明确的保护策略与切实可行的发展措施。比如，云南省云龙县诺邓村是滇西北地区因盐业而发展起来的白族古村落，拥有“千年白族村”的美誉。当地政府为了促进该村落的保护与发展，专门成立了诺邓村文化保护机构，具体负责诺邓村非物质文化遗产的保护和发展工作，并出台了一系列有关文件，使该村落的文化遗产保护工作得到强有力的领导并有规可依、有章可循。另外，当地政府还编制了详细的保护与发展规划，努力抓好以诺邓景区为重点的旅游产业发展，打造“千年白族村”的旅游形象，使古村“原真性”的历史文化遗产产生了极大的品牌效应，不断吸引国内外游客前来参观、体验。

（三）传统村落保护与发展规划的实施

传统村落保护与发展规划报相关部门审批并获得准许之后，政府应将相关工作的重点放在规划实施上，及时与预期规划相对比，适时调整保护措施。比如，陕西省礼泉县烟霞镇袁家村位于关中腹地，拥有丰富的历史文化资源。近年来，随着乡村旅游的快速发展，袁家村紧抓时代契机，审时度势，依托自身优势资源，结合相关的保护与发展规划，大

力发展旅游业，在发展乡村旅游、壮大乡村经济、推动乡村现代化方面取得了突出成就，走出了一条面向市场需求、依靠乡村内在力量、创新产业发展模式的成功道路。

第四节　监管机制：实施评估与监督

相关部门应建立传统村落保护与发展规划实施效果评估体系，完善项目验收、监督机制。这样做的目的主要有以下三点。第一，了解项目的落实情况。政府可以根据多个维度的评价指标，从定量的数据和定性的评价中直观看到村落保护的效果。第二，为传统村落发展规划提供必要的依据。政府可以通过评估传统村落保护实效，发现传统村落保护中存在的不足及需要改进之处，进而为发展规划的调整与完善提供必要的参考。第三，为后期的动态监测工作提供依据。村落保护与发展规划实施效果评估体系一般包括街巷格局、传统建筑、传统村落功能等多个方面，这些评估指标可作为政府后期工作的重要参考。

具体而言，传统村落保护与发展规划实施效果评估指标的确定需要综合考虑保护效应、经济效应、社会效应、环境效应等多个要素。保护效应主要反映的是传统村落价值的保存情况，包括物质文化遗产和非物质文化遗产的保存情况。整体来看，传统村落保护效应评估分为实体留存、修复水平、村落功能、非物质文化遗产和记录五个方面（表 8-1）。

表 8-1　传统村落保护效应评估

评估维度	具体内容
实体留存	主要评估传统村落文化遗产实体留存数量情况；村落保护的原真性、完整性情况

续 表

评估维度	具体内容
修复水平	主要考量街道、建筑等村落空间的使用材料和营造技艺是否与原貌相符
村落功能	主要监测传统村落功能的延续情况，如传统产业发展情况、历史建筑功能改变情况等
非物质文化遗产	非物质文化遗产是保护传统村落的重要部分，其传承情况能够在一定程度上反映传统村落的保护效果
记录	主要涉及历史建筑、历史环境元素的记录，如村落历史文献资料、空间形态等

经济效应是指传统村落的保护与发展能够给村落或村民带来的实际收益，如村落产业结构的优化、居民收入的增加等。社会效应是指实施保护之后产生的社会影响，如当地民众的参与度、村落的知名度等。环境效应主要评估生态环境质量的改善情况，如山水格局的保护情况、河流水系的保护情况等。当然，传统村落保护与发展规划实施效果评估体系是一个复杂的系统，且不同的传统村落的实际情况不同，所以政府在对特定的传统村落进行效果评估时，应根据传统村落的实际情况选取恰当的评价指标。

在具体实施过程中，政府必须细化和落实管理责任，规范传统村落保护行为，加强项目规划和质量监督管理，确保项目建设、资金使用符合规定，发挥传统村落保护与发展规划应有的积极效应。政府还应对传统村落保护与发展所需的资金进行专项的监督管理，真正发挥保护资金的实用价值。地方政府要成立监督检查小组，对传统村落保护资金的使用情况进行不定期抽查，优化保护资金使用结构，避免出现重复建设、保护过度和保护不足等问题。为了防止出现建设性破坏现象，确保传统村落工程项目建设与传统村落风貌相协调，各级政府还可以让村内有经验的老干部负责指导与协调村落保护的实施情况，做实做细专项督查和日常监督，建立专项台账，实行销号制度，跟进整改落实，确保传统村落的保护与发展工作落到实处。

从整体看，传统村落蕴含的独特价值是极具保护意义的，传统村落的保护与发展是一个永恒的话题。目前，各地区已充分认识到了传统村落保护与发展的重要性，积极采取各种措施，取得了一定成效，其中传统村落与旅游产业融合发展、集中连片发展等方式经实践检验是切实可行的，是能够有效促进传统村落活态发展的。由此可见，政府在实践过程中应把握好传统村落保护与发展之间的关系，结合当地实际情况，创新发展手段，实现传统村落的可持续发展。

参考文献

[1] 何刚 . 院落组成的传统村落：空间与行为 [M]. 南京：东南大学出版社，2019.

[2] 卢世主，秦怡 . 认同与适应：传统村落文化空间保护研究 [M]. 南昌：江西美术出版社，2018.

[3] 卞显红，王苏洁，齐文权 . 传统村落保护与利用研究：以浙江省金华市为例 [M]. 北京：中国财富出版社，2020.

[4] 赵曼丽 . 美丽和活力：传统村落的生命之基 [M]. 北京：中国社会出版社，2020.

[5] 葛晓丹，杜瑞雪，吴宦漳，等 . 浙江省传统村落保护管理制度探索：以松阳县为例 [J]. 小城镇建设，2022，40（11）：17−24.

[6] 韩玮璇，刘苏文 . 传统村落保护与乡村旅游协同发展分析：以山东淄博中郝裕村为例 [J]. 智慧农业导刊，2022，2（20）：56−58.

[7] 屈小爽 . 文化生态视角下河南沿黄传统村落整体保护与发展研究 [J]. 黄河科技学院学报，2022，24（9）：76−82.

[8] 陈彬，王巧玲 . 传统村落集中连片保护利用的实施路径 [J]. 中国土地，

2022（5）：43-45.

[9] 李文生，黄庭晚，张大玉 . 活态传承视角下我国传统村落保护再生路径辨析 [J]. 小城镇建设，2022，40（1）：44-50.

[10] 窦银娣，叶玮怡，李伯华 . 旅游驱动型传统村落“三生”空间功能更新的特征、模式与逻辑：以湖南省张谷英村为例 [J]. 热带地理，2022，42（1）：136-147.

[11] 安显楼 . 美丽乡村视域下传统村落景观改造策略研究 [J]. 西南大学学报（自然科学版），2021，43（5）：9-17.

[12] 吴琳，余建忠 . 浙江传统村落空间特征与保护利用探索 [J]. 城市发展研究，2021，28（3）：32-39.

[13] 朱烜伯，张家其，李克强 . 乡村振兴背景下民族传统村落旅游开发影响机制 [J]. 江西社会科学，2021，41（3）：229-237.

[14] 杨燕，胡静，刘大均，等 . 贵州省苗族传统村落空间结构识别及影响机制 [J]. 经济地理，2021（2）：232-240.

[15] 吴平 . 美丽乡村建设中传统村落保护与营建：以贵州省黔东南州为例 [J]. 中南民族大学学报（人文社会科学版），2020（6）：27-33.

[16] 何艳冰，张彤，熊冬梅 . 传统村落文化价值评价及差异化振兴路径：以河南省焦作市为例 [J]. 经济地理，2020（10）：230-239.

[17] 张晶 . 美丽乡村建设背景下传统村落保护与发展策略探析 [J]. 城市发展研究，2020，27（8）：37-43.

[18] 陈水映，梁学成，余东丰，等 . 传统村落向旅游特色小镇转型的驱动因素研究：以陕西袁家村为例 [J]. 旅游学刊，2020，35（7）：73-85.

[19] 向远林，曹明明，闫芳，等 . 陕西传统村落的时空特征及其保护策略 [J]. 城市发展研究，2019，26（12）：27−32.

[20] 李久林，储金龙，李瑶 . 古徽州传统村落空间分布格局及保护发展研究 [J]. 中国农业资源与区划，2019，40（10）：101−109.

[21] 吴平 . 贵州黔东南传统村落原真性保护与营造：基于美丽乡村建设目标的思考 [J]. 贵州社会科学，2018（11）：92−97.

[22] 赵曼丽 . 贵州传统村落空间活化的生态策略探析 [J]. 贵州民族研究，2017，38（12）：81−84.

[23] 梁步青，肖大威 . 传统村落非物质文化承载空间保护研究 [J]. 南方建筑，2016（3）：90−94.

[24] 陈静，冯旦，颜益辉 . 传统村落成功特质分析及规划策略探索：以河南方顶村为例 [J]. 规划师，2015，31（增刊 2）：167−172.

[25] 王江，王势超，范伟，等 . 乡村旅游背景下传统村落活化更新策略探究：以浙江省高坪乡圣塘村为例 [J]. 住宅科技，2022，42（10）：65−70.

[26] 夏敏，张晓瑞，张苗苗 . 丽水市传统村落空间布局及影响因素研究 [J]. 合肥工业大学学报（社会科学版），2022，36（4）：136−144.

[27] 陈聪，王军 . 传统村落乡村旅游建设空间研究：以清水村为例 [J]. 华中建筑，2021，39（12）：102−106.

[28] 张磊，王如冰 . 陕西传统村落保护典型案例分析：以党家村为例 [J]. 文博，2021（4）：107−112.

[29] 田玉萍，汪雷，何超，等 . 安徽省传统村落空间分布特征及影响因素分析 [J]. 重庆文理学院学报（社会科学版），2021，40（1）：12−24.

[30] 时少华，裴小雨．传统村落活态保护利用与旅游融合发展研究 [J]. 昆明理工大学学报（社会科学版），2020，20（5）：103–108.

[31] 李天宇，陆林，任以胜，等．浙江省传统村落空间格局演化及影响因素研究 [J]. 资源开发与市场，2020，36（6）：626–634.

[32] 高春凤．传统村落公共文化空间的保护与振兴策略 [J]. 长白学刊，2019（6）：146–151.

[33] 包亚芳，孙治，宋梦珂，等．基于居民感知视角的浙江兰溪传统村落公共空间文化活力影响因素研究 [J]. 地域研究与开发，2019，38（5）：175–180.

[34] 代亚强，陈伟强，高涵，等．河南省传统村落空间分布特征及影响因素 [J]. 地域研究与开发，2020，39（3）：122–126.

[35] 闵忠荣，洪亮．民宿开发：婺源县西冲传统村落的保护发展规划策略 [J]. 规划师，2017，33（4）：82–88.

[36] 孙九霞．传统村落：理论内涵与发展路径 [J]. 旅游学刊，2017，32（1）：1–3.

[37] 徐春成，万志琴．传统村落保护基本思路论辩 [J]. 华中农业大学学报（社会科学版），2015（6）：58–64.

[38] 刘莉．乡村振兴战略视野下赣州传统古村落的保护与利用 [J]. 居舍，2022（22）：174–177，180.

[39] 吴茫，谢晶，雷雨晴，等．安徽省传统村落空间分布特征及影响因素研究 [J]. 四川建筑，2022，42（3）：21–25.

[40] 潘诗雨，李早，刘永峰．基于大数据的徽州传统村落的空间形态与活

力强度评价：以黄山西递村为例 [J]. 合肥工业大学学报（社会科学版），2022，36（1）：119–124.

[41] 顾燕燕，孙攀 . 数字乡村背景下传统村落数字化保护与发展路径探究：以金华地区为例 [J]. 绿色科技，2022，24（1）：91–94.

[42] 方群莉，朱远 . 行为需求视角下徽州传统村落公共空间优化研究 [J]. 预测，2021，40（6）：90–96.

[43] 罗德胤，孙娜，付敬诺 . 村落保护和乡村振兴的松阳路径 [J]. 建筑学报，2021（1）：1–8.

[44] 周慧，刘韦雨，龚鐳，等 . 黔东南侗族传统村落空间基因的多样性分析 [J]. 贵州民族研究，2020，41（11）：99–104.

[45] 孙琳，邓爱民，张洪昌 . 民族传统村落旅游活化的困境与纾解：以黔东南州雷山县为例 [J]. 贵州民族研究，2019（6）：53–58.

[46] 杨贵庆，开欣，宋代军，等 . 探索传统村落活态再生之道：浙江黄岩乌岩头古村实践为例 [J]. 南方建筑，2018（5）：49–55.

[47] 时少华，梁佳蕊 . 传统村落与旅游：乡愁挽留与活化利用 [J]. 长白学刊，2018（4）：142–149.

[48] 朱良文 . 对传统村落研究中一些问题的思考 [J]. 南方建筑，2017（1）：4–9.

[49] 林莉 . 浙江传统村落空间分布及类型特征分析 [D]. 杭州：浙江大学，2015.

[50] 马丹娅 . 传统村落集中连片保护发展策略：以湖北恩施土家苗族自治州为例 [D]. 北京：北方工业大学，2022.

[51] 谢杰兰 . 关中传统村落景观基因的保护与传承研究 [D]. 西安：长安大学，2019.

[52] 苗琳娜 . 文化传承视角下小店河村传统村落保护与发展研究 [D]. 西安：西安建筑科技大学，2018.

[53] 李越 . 黔东南侗族传统村落的文化地域性格研究 [D]. 广州：华南理工大学，2018.